Volver a Empezar
Un Mensaje de Esperanza

MARTÍN MEJÍA

Un Sello de Editorial Caribe

Betania es un sello de Caribe-Betania Editores.

© 2003 CARIBE-BETANIA EDITORES.
Una división de Thomas Nelson, Inc.
Nashville, TN-Miami, FL, EE.UU.
www.caribebetania.com

A menos que se señale lo contrario, todas las citas bíblicas son tomadas de la Versión Reina-Valera 1960 © 1960 Sociedades Bíblicas Unidas en América Latina. Usadas con permiso.

ISBN: 0-88113-750-2

Tipografía: Marysol Rodriguez

Reservados todos los derechos. Prohibida la reproducción total o parcial en cualquier forma, escrita o electrónica, sin la debida autorización de los editores.

Impreso en EE.UU.
Printed in U.S.A.

A Dios quien es la fuente de toda bendición.

A Ali mi esposa, Bethel y Josué mis hijos, y mi madre quienes celebran y lloran conmigo a diario.

A mi familia, y a todos aquellos que han caminado conmigo en el servicio al Señor.

Oct. 11, 2009

Querida Ana María,

Siempre es un honor conocer siervas que aman a Dios con todo su corazón. Mi deseo es que este fin de semana marque un tiempo profético en tu vida donde entras a poseer cada promesa que Dios tiene para tí y tu vida. Recuerda "El reino de los cielos es de las valientes que lo arrebatan." Arrebata tus promesas y camina en ellas. Con amor,

Lo que otros dicen

Martín Mejía no solamente es un gran predicador y maestro de la palabra, si no que a través de este libro nos invita a reflexionar en la necesidad profunda y continua del creyente de iniciar un nuevo día cada día.

Basado en la misma palabra, cuando manifiesta que «Nuevas son sus misericordias cada mañana. Grande es su fidelidad», no podemos menos que comprender que prácticamente a diario y en las diversas etapas de nuestra vida, debemos revisar el plan de Dios alrededor de nuestras vidas y ministerios, para que estas sean más efectivos, poderosos y prósperos.

¡Sé que este libro nos conducirá a nuevas fronteras en el «reinicio» de una vida de aventuras sin limite...!

—Dr. Josué A. Muñoz
Iglesia Central «Del Príncipe de Paz»
Ministerios Apostólicos Internacionales Yeshua
Ciudad de Guatemala

Martín Mejía y yo nos conocimos en 1996. Él estaba ayudando a un amigo mío en medio de un gran avivamiento en San Pedro Sula, Honduras. El ministerio había crecido tanto que tenían que reunirse en una enorme carpa en las afueras. No bastaba que se celebraran varios cultos para acomodar a los ómnibus cargados de personas que llevaban horas tras horas.

Lo que otros dicen

A veces, la iglesia de la que Martín era parte se reunía en un estadio de fútbol con más de 40.000 personas presentes. El avivamiento era tan profundo que la ciudad comenzó a cambiar radicalmente. Con regularidad, grupos de adoradores desfilaban por la ciudad proclamando el Señorío de Jesucristo. El poder de la Palabra de Dios que se predicaba era tan grande que los brujos estaban perdiendo su poder y recibiendo a Cristo como Salvador. La transformación se veía por todas partes. Verdaderamente, por fin la ciudad de San Pedro Sula estaba comenzando a vivir de nuevo.

Desde el principio del mundo —y no diferente de lo que hizo en San Pedro Sula—, Dios ha estado tomando la confusión y el desorden, el dolor y el sufrimiento, la pérdida y la desesperanza que produce el pecado, y convirtiéndolo en nueva vida, nueva esperanza, nuevos recursos, nuevos propósito y un nuevo futuro. Este libro pasa al lector por las primeras palabras de Génesis cuando Dios decidió transformar un mundo desordenado y oscuro. Por medio de la palabra de Dios, el mundo comenzó a vivir.

Desde que lo conocí, he apreciado mucho a Martín Mejía, un joven dotado, que tiene una igualmente dotada esposa e hijos. Lo recomiendo a todo el que me oye. En las siguientes páginas, tomará a cualquier lector que se dé la oportunidad en un viaje que lo llevará a experimentar un nuevo estado de bendición. La bendición que Dios procura dar tiene el propósito de ayudarnos a volver a empezar.

—*Pastor Jaime Tolle*
The Church On The Way
Los Ángeles, California

Contenido

Prólogo — 9

1
Un nuevo principio — 11

2
Un nuevo día — 29

3
Un nuevo camino — 45

4
Una nueva tierra — 61

5
Un nuevo orden — 79

6
Un nuevo dominio — 101

7
Una heredad perpetua — 115

Prólogo

Hace algunos años visitaba la ciudad de Guaymas, México. Un reportero de una emisora de la ciudad me entrevistó, y entre pregunta y pregunta, me dijo:

—¿Hermano Pablo, no lo entristece el hecho de que haya tantos católicos en Latinoamérica y tan pocos protestantes?

La pregunta me extrañó, y le respondí:

—No, en lo absoluto. Pero sí hay algo que me entristece.

—¿Y qué es? —preguntó.

—Que haya tantas personas que todavía estén buscando paz, tranquilidad y seguridad en este mundo y que tan pocos que lo hayan hallado.

Luego le pregunté.

—Y usted ¿en cual de los grupos está?

Sólo me respondió:

—Yo soy el de las preguntas.

Lo que más me interesó de su inquietud sobre catolicismo y protestantismo fue que la pregunta en sí revela la confusión que existe en la mente de muchas personas. Me refiero a la confusión en cuanto a dónde y cómo se establece una relación con Dios.

El concepto general es que se ha de encontrar a Dios a través de alguna religión. Y, obviamente, el éxito en la búsqueda de Dios, conforme a esta inquietud, depende de la religión a la cual uno pertenece.

Saco esto a colación porque el autor, Martín Mejía, ha dado con una fórmula muy extraordinaria en su presentación del libro *Volver a Empezar*. Él no ve el asunto de la búsqueda de paz y tranquilidad como algo que se alcanza por medio de una religión, sino que nos presenta el plan de salvación eterna a través de eventos de los siete días de la creación.

PRÓLOGO

El reverendo Mejía nos lleva en una excursión espiritual desde el primer día de la creación hasta el último. En ella nos revela cómo el hombre encuentra paz con Dios, y a través de toda esa interesante trayectoria, llamada «creación» ni tan solo una vez hace referencia a que se encuentra a Dios por medio de tal o cual religión. Mas bien son los problemas de la vida, las luchas, las nubes, los terrores, los que nos hacen buscar a Dios y los que tarde o temprano nos permiten encontrarle.

Desde Génesis 1, donde dice: «En el principio creó Dios los cielos y la tierra, y la tierra estaba desordenada y vacía», hasta el último día de la creación, el autor revela cómo Dios, a través de nuestras luchas, nos señala la manera de encontrar a Dios.

Sobre esto el autor Mejía añade: «Por la sombra de una nube no deberías perder de vista que hay un sol en el firmamento que es eterno en comparación con esa nube, y tampoco debes de perder de vista que el Espíritu Santo se está moviendo sobre las aguas turbulentas aún cuando esas aguas sean la barrera impenetrable que te cautiva en tus desiertos y a la vez te separa de la tierra en la que has fijado tus ojos con esperanza». Luego añade: «Sueña con un nuevo Génesis, con un nuevo comienzo, con un nuevo principio de esperanza. Sueña porque el Espíritu Santo te está llevando por un camino que nunca antes has recorrido para sacarte del vacío, desorden y tinieblas que han marcado tus días, y para darte una nueva oportunidad de volver a empezar».

De esta manera el autor, usando los eventos de los seis días de la creación, nos hace saber que hay esperanza de una vida mejor, de una situación más apacible, de una existencia más segura. Nos hace saber que Dios desea, más de lo que nosotros podemos imaginar, darnos paz, seguridad y, más que todo, vida eterna.

Mientras repasa los capítulos de este libro, sepa que Dios está a su lado, y usted puede, con una oración que le brote del corazón, decirle: «Señor, abre tus brazos y recibeme como un hijo tuyo, y yo te abro mi corazón y te recibo como mi poderoso, amante y eterno Salvador»

—*Hermano Pablo*

1

Un nuevo principio

En el principio creó Dios los cielos y la tierra. Y la tierra estaba desordenada y vacía, y las tinieblas estaban sobre la faz del abismo, y el Espíritu de Dios se movía sobre la faz de las aguas.

—Génesis 1.1-2

No es extraño que la Biblia comience relatando en el libro de Génesis que en el principio Dios creó los cielos y la tierra, que la tierra estaba desordenada y vacía, que las tinieblas estaban sobre la faz del abismo, y que el Espíritu de Dios se movía sobre la faz de las aguas, pues esta descripción puede con facilidad compararse a diferentes episodios de nuestra vida, donde nuestros caminos están desordenados, vacíos y llenos de tinieblas. Sin embargo, debo añadir que al igual que en el principio, en medio del caos, Dios quiere crear algo nuevo en nosotros, un nuevo principio para volver a empezar, tal como lo hizo con la tierra.

Experimentamos el desorden porque hemos perdido la dirección. Perdimos la fuerza que nos movía y los sueños que nos impulsaban cada día, imposibilitando así nuestra habilidad de extendernos hacia adelante y alcanzar con la fuerza de nuestro corazón lo que es imposible alcanzar con la fuerza de nuestros músculos y habilidades. Es así como de herederos pasamos a ser esclavos. Como herederos de la fortuna de nuestro Padre tenemos por medio de ella el mundo a nuestra disposición, lleno no de imposibles sino de posibilidades. Como esclavos nos conformamos a vivir en las porquerizas de este mundo, sirviéndole a los cerdos las algarrobas, sin poseerlas pero deseándolas con todo nuestro corazón para saciar el desorden en el que está hoy nuestra vida. Es en ese desorden donde llegamos a la conclusión de que es mejor vivir como siervos, para poder sobrevivir la oscuridad de las tinieblas que nos envuelven en su manto de confusión. Pero aun en este estado paupérrimo donde somos presos de la derrota o el fracaso, llevamos el sello indeleble de nuestro Hacedor que nos bendijo para ser fructíferos y multiplicarnos cuando nos creó.

¿Qué es lo que te tiene sin fuerzas? ¿Por qué hay desorden en tu vida? ¿Qué provocó el vacío que tienes en tu corazón? ¿Son tan densas las tinieblas que te envuelven que al igual que en una densa neblina no puedes ver ni siquiera un paso hacia adelante con ojos de esperanza, por lo que tus caminos son inciertos? Por un lado estás preso y sin fuerza, por otro lado, sientes el eco de la bendición divina, que aun en las peores tinieblas te dice que has sido destinado a vencer y no a perder.

Dios no creó la tierra desordenada y vacía. El desorden y el vacío llegaron a raíz de la confusión que se originó con la rebeldía de Luzbel. De esta misma manera te quiero asegurar que Dios no ha creado la crisis en la que estás. Detente un momento, escucha atentamente, mira el desorden y el vacío de tu vida, observa las aguas turbulentas de una época de tempestades que están a punto de destruir tu embarcación, truncando de esta manera la posibilidad de llegar al futuro al que deseas navegar, y en medio de estas circunstancias, no olvides que al igual que en la creación, en el libro de Génesis, el Espíritu de Dios se está moviendo sobre esas aguas turbulentas.

No cierres el libro de tu vida pensando que ya se escribió el último capítulo. Déjame sugerirte que apenas vas empezando el primero, que este es nada más el inicio. Este es tu Génesis, porque el Espíritu del Señor se está moviendo sobre tus aguas. Él tiene un plan desde el inicio de la creación con tu vida, un plan de esperanza y paz, para darte la oportunidad de volver a empezar con un futuro lleno de bien.

VOLVER A EMPEZAR

Cuando pienses que es el fin puede ser que tan solo estés en el inicio

Existe una historia que cobró vida a mediados del siglo diecinueve, cuando explotó la guerra civil en los Estados Unidos de América. Los estados del norte de la Unión Americana eran industrialmente más desarrollados que los del sur, que eran agrícolas. Ambas regiones lucharon entre sí para asegurar la existencia de sus condiciones socio-económicas. Al final, la historia nos relata con agrado que la lucha terminó en lo que sería la libertad legal de los afroamericanos y el inicio de la sanidad de la herida provocada por la segregación racial del país.

Como en toda guerra, siempre hay víctimas de las circunstancias o el conflicto. Una de esas víctimas fue Edmund McIlhenny, dueño de un ingenio de azúcar con grandes extensiones de caña y de una productora de sal en Avery Island, en el estado sureño de Louisiana. En el año 1863, tropas del norte invadieron el área donde se encontraban sus plantaciones, sus fincas se convirtieron en otro de los escenarios donde tomaría lugar esta batalla campal. McIlhenny tuvo que huir, abandonándolo todo y dejando su riqueza a la merced de la suerte.

Pero la suerte no tuvo compasión de él, cuando regresó a sus tierras dos años después, en 1865, sus plantaciones de azúcar y sus bancos de sal estaban destruidos. Todo había sido devastado. El capital necesario para volver a habilitar sus fincas estaba lejos de su alcance. De un momento a otro sus riquezas y su solidez se esfumaron al convertirse sus fincas en un campo más de aquella gran batalla.

En realidad, no hubo nada que él pudiera hacer para evitarlo. Era otra víctima más de las circunstancias. Simplemente se encontraba en el lugar equivocado. Su riqueza se esfumó dejando solamente pobreza y devastación. Su futuro prometedor ahora estaba lleno de incertidumbre y tinieblas. Era tal el caos que dejó la guerra en sus tierras, que McIlhenny se alimentaba a diario de lo que podía echar mano. Una de las pocas cosas que la tierra produjo en esos días fueron unos chiles, que de alguna manera desconocida, lograron surgir en donde solía estar la hortaliza de la cocina. Edmund empezó a experimentar con los chiles, buscando hacer alguna salsa que le permitiera enriquecer su casi inexistente dieta alimenticia.

La salsa que obtuvo de esos chiles se conoce con el nombre de «Tabasco Sauce». Hasta hoy día han transcurrido más de ciento cuarenta años, y la familia McIlhenny sigue manejando la compañía que se ha convertido en un imperio a nivel mundial por medio de su «Tabasco Sauce». Cuando parecía que Edmund estaba a punto de cerrar el libro de su vida con un fracaso producido por fuerzas que estaban fuera de su control, en realidad solo empezaba lo que sería de bendición para él y las generaciones de sus descendientes.

Una vez más, Dios estaba recreando otro Génesis, solo que ahora era en la vida de un hombre. En medio de una finca desbastada y en la incapacidad de un ser humano de poder solucionar su crisis, el Espíritu de Dios se movió haciendo surgir unos chiles que darían a luz en medio de las tinieblas a un imperio de la industria alimenticia. Lo que parecía el fin en Edmund fue solo el inicio de grandes victorias. No es fanatismo religioso decir que fue bendición de Dios que esos chiles surgieran en las hortalizas de este hombre. La Biblia claramente dice que toda buena dádiva y todo don perfecto ha descendido de nuestro Creador, y esos chiles fueron una dádiva, o mejor dicho, un regalo de bendición para crear un Génesis de esperanza en la vida de un hombre y sus generaciones.

Creo que en este momento es lógico preguntarte: ¿cuál es la crisis que enfrentas, cuya fuerza te ha sometido de igual manera que la bravura de un huracán tropical somete a una aldea de paja en el caribe, devastándola y dejándola en ruina, negándole el derecho a existir y progresar? Aun a pesar de la crisis en la que estés, estoy profundamente convencido de que Dios quiere recrear un nuevo principio, un nuevo Génesis de esperanza en tu vida, lo que hoy parece ser el fin es solo el inicio. Como la tormenta impide ver el sol, las tinieblas, el desorden y el vacío te están impidiendo ver al Señor moviendo su Espíritu a tu favor.

En cierta ocasión, mientras cursaba estudios en la universidad, me preparaba para asistir a una fiesta cuando me di cuenta de que no tenía una corbata adecuada para la camisa que iba a usar esa noche. En ese entonces, esta era una crisis que podría alejarme de encontrar a la mujer de mis sueños o afectar mi popularidad, que en esa edad es muy valiosa. Recordé haberle visto a un amigo la corbata ideal que salvaría mi noche, si tenía la suerte de encontrarlo para que me la prestara.

Sin perder mucho tiempo me dirigí hacia su cuarto, que estaba justo al frente del dormitorio donde vivía en la universidad. Toqué la puerta deseando encontrarlo, y cuando Tim la abrió, lo abracé con alegría y con mucha euforia le rogué que me prestara la corbata en mención.

Mi amigo me invitó a entrar a su cuarto mientras buscaba la corbata. El cuarto de Tim era famoso por permanecer en un completo desorden, y esa noche no fue la excepción. Todo estaba tirado por todos lados, en el piso, en el sofá, en el escritorio, sobre los cerrojos de las puertas y las ventanas. Era tal el desorden que uno no podía dar un solo paso sin pisar algo. No había tan siquiera un solo centímetro libre en el suelo, por lo que tenía que caminar en puntillas cuidando de no quebrar o ensuciar algo, si es que había algo limpio en ese cuarto.

Era como si el piso hubiese sido tapizado por los libros, la ropa, la comida y los muebles. Tim buscó en cada rincón, pero era tal el caos que no pudo encontrar la corbata que salvaría mi noche. No era que no tuviera la corbata, era que el desorden le impedía encontrar lo que buscaba, frustrando mis ambiciones de que la corbata hiciese un milagro en mi apariencia de esa noche.

Cuando hay un gran caos es difícil encontrar lo que deseamos, esta es la razón por la que no puedes ver que no estás en el fin, sino solo en el principio. Aunque Dios te ha prometido una paz que sobrepasa todo entendimiento el caos no te permite hallar esa tranquilidad, o la fuerza para seguir adelante, o la esperanza que alimente tus días de gozo. Ninguna de estas cosas pueden ser halladas en tus pensamientos y emociones cuando el desorden gobierna.

Ahora imagínate por un momento que mis labios están a un centímetro de tu oído y con toda la potencia de mis pulmones me escuchas decir: ¡Sí existen! Es el caos el que no te permite ver la tranquilidad, la fuerza y la paz. Deseo mostrarte el Génesis que Dios ha creado a tu favor en medio del vacío, las tinieblas y el desorden que enfrentas.

Tal vez el vacío que hay en tu corazón se debe a que en tus mejores tiempos te sobraban los amigos, aquellos que juraban lealtad hacia ti, asegurándote que su aprecio era genuino; pero al verte en medio de las aguas turbulentas que hundieron tu éxito, te miran con ojos indiferentes, transformando su lealtad en voces de condenación en tu contra. Antes tenías el corazón lleno del amor y aprecio de tus amistades; hoy eres presa del vacío de la soledad, que te ha hundido tanto, que solo te permite ver tu fin en el fracaso, ahogando la posibilidad de que veas el principio, el Génesis que existe.

Tal vez podríamos decir que te enamoraste con la ilusión de encontrar tu alma gemela, la que has buscado desde el momento en que despertó en ti el amor; pero hoy ese sueño se ha esfumado. Quien era el centro de tu amor e ilusión, la razón por la que soñabas y poseías un futuro de felicidad, se ha convertido en el villano que quebró tu corazón, dejando inseguridad, heridas profundas y dolor, robándote la esperanza de un futuro mejor.

Quizás iniciaste una carrera, emprendiste un negocio o respondiste al llamado al ministerio dándo lo mejor de ti. Aunque desde el inicio reconociste los riesgos era tal tu esperanza y las posibilidades que viste, que estabas dispuesto a esforzarte para alcanzar el triunfo. Los días han pasado y la desilusión aprisiona tu alma, porque cada día estás convencido que tu inicio está terminando en el fracaso. Por eso es que además de estar arrepentido de haber intentado hacer algo, ahora buscas la salida o el fin menos doloroso, mientras tu alma se hunde en un pozo de profunda desesperación.

El primer verso de la Biblia dice que la tierra estaba desordenada, vacía y llena de tinieblas, pero el Espíritu de Dios se movía sobre las aguas. De la misma manera Él desea moverse hoy sobre las aguas que dejaron de ser lluvias tropicales para convertirse en huracanes en tu contra.

Recuerdo el primer huracán que tocó las playas de mi vida. La primera crisis que mis ojos presenciaron fue en una época en la que mi madre y yo experimentamos tiempos de gran escasez económica. Esta escasez provocó densas tinieblas, y nos arrojó a tener que subsistir cada día sin saber si al siguiente habría lo suficiente para comer. En mi familia siempre se ha tenido en alta estima la educación y se ha creído que cualquier sacrificio que se haga para brindar la mejor educación a un hijo es un buen sacrificio. Es este valor lo que hizo que cada uno de mis primos y yo estudiáramos en la mejor y más cara institución de mi ciudad natal.

Nuestros padres han sido personas muy trabajadoras que en algunos momentos nos pudieron brindar una vida cómoda, no porque hubiesen acumulado grandes fortunas de dinero, sino porque se esforzaron para darnos un poco más de lo que sus padres, o sea mis abuelos, les dieron a ellos. Este fue el ambiente donde crecí, sabiendo que no era rico, pero que mi familia nos daba lo mejor que podía para construir un futuro sólido para nosotros, llenándonos a la vez de amor, detalle que sí puedo decir que era muy rico.

Una serie de circunstancias cambiaron este mundo, lo que trajo como consecuencias que mi madre quedara sin empleo, perdiera el negocio, y se quedara con una cuota alta que pagar cada mes, recién divorciada y sin lo suficiente muchas veces para cubrir las necesidades más básicas del hogar. Para colmo, yo apenas tenía catorce años de edad, por lo que no había nada que pudiera hacer para ayudarla. Los trabajos que podía conseguir pagaban muy poco y tomarlos implicaba sacrificar mis estudios de la secundaria, lo que hubiese significado acortar una crisis por un tiempo, pero alargarla por toda una vida. Porque como dijo un buen amigo mío: «Educarse sale caro, pero más caro sale la falta de educación».

Mi madre no se acobardó en esos momentos, fue algo que aprendió de sus padres, que se puede ver en cada uno de mis tíos y tías, y que nosotros hemos aprendido de ellos. Ella empezó a hacer tamales para vender, y yo le ayudaba a repartirlos. También hacía tortillas de harina con frijoles y las vendía en la calle. Además, logró conseguir algunas personas que trabajaban en oficinas que le compraban la comida al mediodía.

Así conseguía algunos centavos y como solía decir mi abuela, pasábamos la tormenta. Sin embargo, cada día la tormenta se volvía más oscura y la carga más pesada. Cada uno de nosotros llegó a tener un solo par de zapatos, con sus suelas llenas de hoyos al irse desgastando. Recuerdo haber llegado a sostener la suela de mi zapato con cinta adhesiva eléctrica. La ropa se deterioraba y no se podía reemplazar o arreglar. Las deudas se acumulaban. Muchas veces teníamos que caminar grandes distancias porque ni siquiera había para cubrir el costo del transporte público.

Creo que no es necesario decir que en medio de estas aguas turbulentas fuimos presa de innumerables momentos de desesperación. Lo peor es que parecía que la suerte nos había abandonado. Era como si le debiésemos a la vida, y ahora nos cobraba con una alta tasa de interés acumulado, dejando tal ruina que la reconstrucción era imposible. Por fin, más tarde que muchos, y más temprano que la mayoría de mis amigos, le estaba conociendo la cara a la frustración y a la incertidumbre.

Parecía como si el destino nos hubiese negado el derecho a tener suerte, y de esta manera se ensañaba contra nosotros, sometiéndonos bajo la dura mano de una tiranía. Estábamos a la merced del peor de los déspotas, solo que en este caso todo indicaba que no había manera de deshacerse de la opresión de la miseria económica. El destino había definido nuestra agonía, todo esfuerzo que se hacía para salir de estas tinieblas era en vano.

Fue esta realidad la que forzó a mi madre a entrar en la catedral de la ciudad donde vivíamos para buscar la ayuda de Dios. En el templo ella se postró ante un crucifijo y empezó a derramar su corazón, rogándole que le diese una salida, que tuviese compasión de ella, y que le proveyese un ingreso fijo por medio de un empleo permanente, que además de ayudarle en ese momento le asegurase una pensión para su vejez.

Siendo un fiel intérprete de la Biblia, sé que las Escrituras hablan de no hacernos imagen y semejanza de lo que está en los cielos, que no nos inclinemos ni postremos ante estas imágenes para adorarlas; pero en el caso de mi madre y el mío, en ese entonces las tinieblas no eran solo económicas, sino espirituales también. En nuestro conocimiento esas imágenes eran Dios, por lo que inclinarse ante ellas era la manera correcta de buscarle.

¿Oirá Dios a alguien que no conoce de Él? ¿Hay esperanza para el que está en tinieblas espirituales y en medio de ellas busca al Padre de las luces? Dios jamás se ha limitado a nuestro conocimiento, Jesús vino a alumbrar los ojos de los que estábamos ciegos. Ese día Dios vio el corazón de una mujer que le buscó humillándose delante de Él, aunque lo hizo de la manera que sabía hacerlo en medio de su ceguera espiritual. Una vez más, vemos la historia de Cornelio repetirse, un pagano que halló gracia delante del Creador.

Después de muchas horas de estar derramando su alma en la catedral, ella salió del lugar y al día siguiente regresó a su trabajo, vendiendo comida en la calle al frente de nuestra casa. Todo seguía igual, pero en las horas de la tarde llegó un cliente a quien llamaré Salomón, dueño de una compañía dedicada a la venta de suministros eléctricos. Esta era la primera vez que él llegaba a comprarle comida a mi madre.

—Deme dos baleadas (baleadas son tortillas de harina con frijoles y crema en mi país natal) —le dijo Salomón, quien inmediatamente después le preguntó—: ¿Gloria, por qué está vendiendo baleadas aquí en la calle?

Mi madre y Salomón se conocían porque ambos habían sido activistas del mismo partido político.

—A veces hay que hacer todo lo que sea necesario para poder sobrevivir —le contestó mi madre.

—Yo te puedo ayudar a conseguir un trabajo. ¿Te gustaría? —le preguntó él.

—¡Por supuesto! —exclamó mi mamá, que al entregarle las baleadas le preguntó—: ¿Qué es lo que debo de hacer?

—Ve mañana a la oficina para que hablemos.

Y con una sonrisa amigable se despidió de ella al darle la dirección de su compañía.

Al día siguiente, después de entrevistarla y hablar con ella un rato, Salomón la motivó a que viajara con él a la capital del país el próximo día, ya que tenía un amigo en el gobierno por medio del cual podría conseguirle un empleo, y a la vez se ofreció a cubrir los gastos del viaje. Mi madre y Salomón partieron rumbo a la capital muy temprano en la mañana del siguiente día, y al llegar a la capital fueron directamente a la casa presidencial.

En la casa presidencial, Salomón pidió ver al Presidente de la República. En solo minutos ambos estaban con él en el despacho presidencial. Esta era la primera vez que mi madre estaba en un lugar así, y por supuesto que era la primera vez que estaba en una reunión privada con el Presidente de la República. Después de saludar al presidente, Salomón le presentó a mi madre diciéndole:

—Sabes, Simón, Gloria viene de una familia que ha apoyado

grandemente a nuestro partido, además es muy buena activista política.

—Qué bueno —dijo el presidente preguntándole inmediatamente—: ¿Salomón, y en qué puedo servirles a ti y a Gloria?

—Ella está pasando un momento económico difícil, tiene un hijo y necesita un empleo. Tú me dijiste que si necesitaba un favor que no dudara en pedírtelo. En lo personal, yo no necesito nada, pero por nuestra amistad, te pido que la ayudes —le contestó él.

—Señora —dijo el presidente—, y usted ¿en qué puede trabajar?

—Yo soy maestra —dijo mi madre—, solo que hace más de 15 años que no trabajo en el magisterio, también he trabajado como secretaria ejecutiva.

—Bueno, dígame en qué quiere trabajar, ¿como maestra o como secretaria? Y en qué ciudad —le preguntó el presidente.

En segundos, mi madre pensó que el magisterio ofrecía estabilidad laboral y un buen programa de pensiones, por lo que le contestó con una voz llena de expectativa y emoción:

—Deseo regresar al magisterio, y trabajar en alguna escuela que esté en San Pedro Sula.

Inmediatamente, el presidente llamó a su secretaria para pedirle que redactara una carta para el Ministro de Educación, y otra nombrando a mi madre para una plaza del magisterio en su ciudad natal. Cuando las cartas estuvieron listas, él las firmó, le mandó una al ministro, por medio de la cual le pedía que instalara a la nueva maestra, y la otra se la dio a mi madre para que ella tuviese una prueba de su nombramiento.

Una vez más el Espíritu de Dios se movía sobre las tinieblas, removiendo la oscuridad que trajo el desempleo y la inestabilidad económica, y trayendo la luz de un día de esperanza, de un nuevo comienzo con un futuro prometedor. Una vez mas Él creó un Génesis donde había confusión, muchos vacíos y una densa oscuridad. Otra vez vemos que cuando parecía que se había llegado al final, nuestro Dios fue capaz de recrear de la nada un inicio, un principio de esperanza.

¡En el plan y el propósito divino para tu vida hay un Génesis, un nuevo principio! No dejes que las densas nubes que acompañan las más turbulentas tormentas te persuadan de que en tu universo ya no hay un sol capaz de traer nuevos días. Recuerdo lo impactado que quede en mi niñez al descubrir que cuando llovía, no llovía en todos lados. Esa tarde salimos mi abuela y yo de la casa bajo una gran tormenta para ir al centro de la ciudad a hacer unas compras. ¡Cuándo llegamos al centro no estaba lloviendo, y el sol brillaba con fuerza!

Aquel día quedé muy impresionado al darme cuenta de que en el centro de la ciudad no estaba lloviendo, es más, ni siquiera había llovido, había un sol radiante y un día hermoso. Ese día aprendí que la lluvia y las nubes no están en todo lugar y momento, sino que siempre hay un sol radiante esperando cualquier oportunidad para salir y alumbrar. Desde entonces, una nube negra en mi vida no evitaría nunca más que ignorara que el sol siempre está alumbrando en algún lugar cercano.

No deberías perder de vista por la sombra de una nube que hay un sol en el firmamento que es eterno en comparación con ella, por lo que tampoco debes de perder de vista que el Espíritu Santo se está moviendo sobre tus aguas turbulentas, aun cuando esas aguas sean la barrera impenetrable que te cautiva en tus desiertos y a la vez te separa de la tierra con promesas en la que has fijado tus ojos.

Un nuevo principio

En un momento de la historia, más de medio millón de judíos se encontraban en la misma encrucijada. Habían vivido como esclavos por más de cuatrocientos años en la tierra de Egipto, los últimos cuarenta años de su historia habían visto a sus padres morir en un desierto, y ellos mismos habían crecido en ese desierto. Ahora estaban entre el desierto y la tierra de las promesas. Lo que les separaban de la tierra de prosperidad eran las aguas impenetrables del río Jordán.

No solamente era imposible para ellos, sus hijos y sus posesiones pasar el río, sino que al otro lado del río existían pueblos feroces, más preparados que ellos para la guerra, que pelearían por su tierra hasta el último aliento de su vida. La pregunta más lógica que surge acá es: ¿qué es mejor, quedarse en el desierto y morir sin propósito, sin otro destino mas que el de dar vueltas sin razón, viendo como su propia existencia pierde a cada paso su esplendor, o entrar a una tierra donde sin duda alguna peligraban, eso si no morían ahogados al intentar pasar las aguas?

Aparentemente no se trataba de escoger entre algo bueno y malo, sino cual de las tres opciones era la menos peligrosa, es decir, el desierto, las aguas o los pueblos enemigos. ¿Cómo se resolvió tal encrucijada? ¿Cuál de los tres vacíos es el menos catastrófico? ¿Cuál de las tres tinieblas es la menos densa? ¿Cuál de los tres desórdenes es el menos destructivo? Claro, no debemos olvidar que tenían que sobrevivir al pasar por la profundidad de las aguas. La encrucijada se encuentra en el libro de Josué, y esta es la manera en la que fue resuelta:

Cuando veáis el arca del pacto de Jehová vuestro Dios, y los levitas sacerdotes que la llevan, vosotros saldréis de vuestro lugar y marcharéis en pos de ella, a fin de que sepáis el camino por donde habéis de ir; por cuanto vosotros no habéis pasado antes de ahora por este camino.

El inicio de la respuesta para este pueblo estaba ligado al momento en que vieran el arca del pacto moverse. El arca es símbolo de la presencia de Dios, en otras palabras, de su Santo Espíritu. «*Sal de tu lugar y marcha en pos de él, para que sepas por donde ir, por cuanto no has pasado antes de ahora por este camino*», se le dijo a esta gente. Que las aguas no te detengan, que el desierto no te aprisione, que los enemigos no te intimiden, que lo desconocido del camino no te desanime. El arca del pacto, el Espíritu de Dios, se mueve para llevarte a una tierra de promesas, una tierra donde serás cabeza y no cola. Una tierra donde estarás arriba y no abajo. Una tierra donde prestarás y no pedirás prestado. Una tierra donde podrás volver a empezar.

Ese día, cuando el pueblo vio la presencia de Dios moviéndose, es decir, al arca o al Espíritu Santo moviéndose sobre las aguas, le siguieron, y el río Jordán se abrió en dos, y ellos salieron del desierto para nunca más regresar. Atravesaron las aguas que se les oponían y entraron a conquistar una tierra que hasta ese día había sido solo el sueño de un nuevo inicio de esperanza. Por seguir ese día al Espíritu Santo que se movió sobre las aguas, una vez más, vieron un Génesis, un nuevo principio de esperanza. Deja que hoy el Espíritu Santo se mueva en tus aguas turbulentas y te muestre el camino por donde habrás de ir. Nunca has andado por este camino antes, pero es el camino de un nuevo inicio, un nuevo comienzo, donde sales del desierto y entras a poseer la tierra que has soñado.

Se desconoce quién, pero alguien una vez dijo: «Sueña el

sueño que es imposible de creer, porque al soñarlo lo puedes volver posible, muchas veces este ha sido el caso». Sueña un nuevo Génesis, un nuevo comienzo, un nuevo principio de esperanza. Sueña, que el Espíritu Santo te está llevando por un camino que nunca antes has recorrido para sacarte del vacío, del desorden y las tinieblas que han marcado tus días para darte una nueva oportunidad de volver a empezar.

2

Un nuevo día

Y dijo Dios: Sea la luz; y fue la luz. Y vio Dios que la luz era buena; y separó Dios la luz de las tinieblas. Y llamó Dios a la luz Día, y a las tinieblas llamó Noche. Y fue la tarde y la mañana un día.

—◦ Génesis 1.3-5

Un joven artista trabajó minuciosamente pintando un águila para buscar agradar a su instructor. Cuando el mentor del pintor llegó a evaluar el cuadro, el joven se escondió a una distancia donde pudiese ver y oír la reacción de su maestro. Finalmente, después de un largo tiempo en el que el mentor analizó el cuadro minuciosamente desde todo ángulo posible, el joven le escuchó decir: «¡Solo le hace falta una cosa!»

Al oír esto, al artista se le partió el corazón, e inmediatamente empezó a reevaluar sus esfuerzos, partiendo desde la primera pincelada hasta los últimos retoques que dio. ¿Qué era lo que le faltaba a su obra maestra?, se preguntaba a sí mismo. Dominado por la frustración, se acercó muy exasperado a su instructor para preguntarle qué le faltaba a su pintura. «Solo le hace falta vida», le contestó el maestro, «si tuviese vida, sería perfecta».

Permíteme preguntarte, ¿cuántas veces has llegado a esta conclusión al evaluar tu obra maestra, es decir, el paisaje que haz creado con la pincelada de cada paso que has dado? Quizás al hacerlo, te oyes a ti mismo decir: «si tan solo tuviera salud, si tuviese un poco más de dinero, si mi pareja y yo nos comprendiéramos, si pudiese empezar de nuevo...» En estos momentos, a diferencia de la obra de un pintor, nuestro lienzo, nuestra obra maestra, nuestra vida, no ha sido el producto de las dulces manos de un genio que busca los colores adecuados para volver el paisaje un paraíso; lejos de ser un paraíso, el paisaje en el que vivimos es un desierto, un desierto de tinieblas.

No es necesario que llegues a esta conclusión sobre tu vida, sobre tu obra maestra. Es ese paisaje, ese desierto, esas tinieblas, las que Dios quiere embellecer y llenar de vida usando sus palabras como una brocha para llenar el lienzo donde está pintada la historia de tu vida de la luz que traerá la mañana y la tarde de un nuevo día. ¿Qué ha impedido que veas un nuevo día en tus caminos? ¿Qué impacto ha marcado el resto de tus días?

Hace varios años, cuando mi esposa y yo éramos novios, vimos una película cuyo drama se centraba en la vida de un hombre que se despertaba cada mañana en el mismo día. Cada mañana el reloj despertador sonaba a las seis, pero en vez de despertarse en el siguiente día, él volvía a vivir el día anterior. Era un preso del mismo día, día tras día, semana tras semana, y mes tras mes. Era un reo de su propia realidad y circunstancias, y cada intento que hacía por vivir un nuevo día era en vano. A pesar de que esta película es producto de la imaginación y creatividad de Hollywood, no deja de ser cierto el hecho de que muchos vivimos el impacto de un mismo día el resto de nuestra vida.

No estoy diciendo que nos despertamos y que empezamos a vivir las mismas cosas día tras día, como si estas nunca hubiesen sucedido. Obviamente, en cuanto a tiempo y espacio es un día nuevo, otro día en la semana, una nueva fecha en el calendario, tal vez hasta podría ser un nuevo año, pero el peso de nuestra rutina, las consecuencias de nuestros errores, las marcas de nuestros fracasos, o el infortunio de haber sido víctimas de la adversidad nos ha hundido en el impacto de un día, día tras día, semana tras semana, y mes tras mes.

¿De que día deseas escapar? Alguien dijo que una curva en la carretera no era el fin del camino, al menos que cometas el error de volcarte o salirte de la vía. Por no saber cómo girar en la curva, ese día te volcaste. Esa curva, esa decisión, sin importar si la culpa fue tuya o de otros, fue el segundo que transformó tu camino de avance en uno de retroceso, y desde entonces has sido presa del mismo día. Deseo que te hagas una pregunta que será como un eco de tus propios pensamientos, un eco del grito de tu corazón que busca un día diferente. Pregúntate: ¿Qué puedo hacer para salir de ese día, y obtener uno nuevo para mi vida?

Un nuevo día surge al oír las palabras de Dios

En el principio, la tierra estaba desordenada, vacía, y llena de tinieblas; y Dios habló diciendo: «¡Sea la luz!» ¡Y fue la luz! *Y vio Dios que la luz era buena; y separó Dios la luz de las tinieblas. Y llamó Dios a la luz Día, y a las tinieblas llamó Noche. Y fue la tarde y la mañana un día.* Antes de ese día existieron muchos otros, pero eran días llenos de tinieblas, desorden y vacío. Sin embargo, cuando Dios habló, redefinió la historia, formando un nuevo día, un nuevo inicio, una nueva historia, un nuevo Génesis para la tierra. Así como la tierra experimentó un nuevo día por medio de las palabras de nuestro Creador, Él desea sembrar sus palabras en ti, para que por medio de ellas se forme la luz, y sea la tarde y la mañana de un nuevo día en tu historia.

Son las palabras que gobiernan tus pensamientos, tu corazón y tu voluntad las que determinan si en ti hay luz y vida, o tinieblas y muerte. No estoy hablando de algo tan superficial como ser un optimista o un pesimista. Es algo más profundo.

Son las palabras que gobiernan tu ser interior las que te han limitado o te han extendido, las que han definido el curso de tus días como un músico define la melodía que acompañara la letra de una canción. Jesús, hablando sobre las palabras que residen en nuestro ser, dice que lo que contamina al hombre no es lo que entra, sino lo que sale de sus labios, porque lo que sale es lo que está en el corazón. ¿Cuáles son las palabras que gobiernan en tu corazón? ¿Qué emociones, qué destino, qué días han provocado las palabras que residen en tu alma?

Debo aclararte que las tinieblas no se entronizaron en tu vida por el fracaso de tu matrimonio, o porque tu carrera ha sufrido un revés, o por la enfermedad que has tenido, o por el pecado en que caíste. Las tinieblas son el fruto de lo que salió de tu corazón, no de lo que entró. No es el fracaso el culpable de que estés encarcelado, o arrinconado por tus circunstancias en esa esquina de confusión e impotencia. En realidad, la cárcel se formó cuando te limitaste a vivir en ese rincón. No me interpretes mal, no estoy diciendo que no enfrentaste una crisis, pero debo sacudirte y decirte que el fracaso no es lo que ha marcado tu vida, la marca se produjo cuando dejaste que el fracaso te definiera como persona.

No siempre es necesario haber fracasado para desear tener un nuevo día. Tal vez tienes el trabajo perfecto, la familia perfecta, has logrado lo que te has propuesto, pero darías todo lo que tienes por un día nuevo, porque los tuyos son insípidos, pesados y con el paso de cada amanecer las tinieblas que han gobernado tus pensamientos y tus emociones son cada vez más densas. La razón por la que necesitas un nuevo día no es porque tu mundo se desmoronó, sino porque tu corazón lo hizo. Y el impacto que dejó te ha obligado a vivir en los límites que te fueron definidos por las puertas que se cerraron, no en tu exterior sino en tu interior, negándote todo acceso a un nuevo día de oportunidades y realización.

No necesitamos un nuevo día por haber tropezado y caído en un hueco oscuro y profundo. Todos tropezamos y caemos. En realidad, necesitas un nuevo día porque te has dado por vencido de querer salir de ese hueco, y no te conformas a vivir en la oscuridad que te rodea. La peor tiniebla que has enfrentado no es la externa, sino la interna. Es por ese sentimiento de derrota que una esposa ordenó que escribiesen la siguiente leyenda sobre la lápida de su difunto marido: «Nació en 1938, lo enterraron en 1994 y murió en 1984». La verdadera derrota, donde los días llenos de tinieblas, vacío y desorden son monarcas, se entroniza no sobre aquellos que han perdido guerras en los campos de batalla, sino en aquellos que las han perdido en su corazón, que se han sometido a ese día, a ese segundo, a esa curva donde se volcaron una vez.

En las Olimpiadas de 1952, un joven atleta húngaro participó en la disciplina del tiro al blanco con tanto éxito que pegaba en el centro del blanco una vez tras otra. La manera tan asombrosa en la que coordinaba su vista con su mano derecha le hizo el ganador indiscutible de la medalla de oro. Cuando regresó a su país natal, sufrió un accidente que le provocó la perdida de un brazo. Su vida, su carrera y su destino fueron arrinconados por ese trágico día.

¿Te puedes imaginar los pensamientos que corrían por el corazón y la mente de este joven atleta? El brazo que lo había vuelto un héroe ya no existía. El fracaso hubiera podido marcar su carrera y su vida, pero no marcó la determinación de su corazón; cuatro años después regresó a las olimpíadas que esta vez se celebraban en Melbourne, y una vez más acertó en el centro una y otra vez, como lo hizo cuatro años antes. Solo que en esta ocasión lo hizo con la mano izquierda. En algún momento, en medio de la tragedia de este joven, la luz entró a su corazón, una luz que le llevó a comprender que podía crear un nuevo día; una nueva historia en la arena deportiva y en la arena de la vida.

Es el tiempo, el momento y el instante para que escuches la voz de Dios en medio de tu corazón, en medio de las tinieblas, del vacío y el desorden diciéndote: «Sea la luz, sea la tarde y la mañana de un nuevo día en tu vida». No escuches el eco de la voz que trae el viento de las ruinas que ha dejado el infortunio en tu camino, o de los asolamientos que han abatido todo aquello que has construido. Empieza a oír las palabras con que fue creado el primer día de un nuevo Génesis, un principio de esperanza. Deja que las palabras que definan tus caminos y tus días sean las mismas palabras que produjeron la luz que alumbró el primer día de la creación.

Son las palabras que han salido de ti, las palabras que quizás no hayas vocalizado pero en las que has meditado y que has aceptado como luz, el eco de esas palabras que retumban en tu alma, las que te han llenado de tinieblas de igual forma que el estruendo de muchas aguas causa pánico de inundaciones en aldeas y ciudades ribereñas. En vez de oír el eco de esas palabras, empieza a oír el eco de las palabras que crearon un nuevo día en el principio, decretando: «¡Sea la luz!» Sea la luz en medio de tus escombros. Sea la luz en medio de tus ruinas. Sea la luz en medio de tu dolor, tu enfermedad, tu divorcio, tu pecado o cualquiera otra causa que te sumerge en un mar de derrota y de imposibles. «¡Sea la luz!», dice Dios.

Es el momento en que la luz entre en medio de tus tinieblas para crear un nuevo día, una nueva historia en tu vida. Lo que tú necesitas no es solo una nueva oportunidad, o la habilidad mágica de retroceder el tiempo y corregir tus errores, lo que necesitas para que tu paisaje sea perfecto, como lo fue el inicio de la Creación, es la luz de la Palabra de Dios, iluminando, definiendo y creando la ley de tu ser interior. La ley que al igual que al apóstol Pablo, encerrado en una cárcel romana en la ciudad de Filipos sin la compañía de sus compañeros de carrera y traicionado por aquellos que solían ser sus amigos, te dará la fuerza y la certeza para declarar: «Todo lo puedo en Cristo que me fortalece».

No hablo de llenarse de palabras positivas o buenas solamente. Mark Twain, uno de los mejores escritores de la literatura en inglés, escribió: «La diferencia que hay entre la palabra idónea y la que es casi la palabra idónea, es la misma diferencia que existe entre la luz que da un relámpago y la que da una luciérnaga». La diferencia que hay entre la luz que emiten las palabras que gobiernan tu vida, aun cuando estas estén llenas de positivismo, y las palabras que estaban en el principio, en el Génesis, es la misma que existe entre el cuadro de un águila a la que solo le falta vida para ser perfecta y un águila que vuela sobre los aires llena de vida y fuerza, a pesar de no ser vista y apreciada por muchos. Las palabras que crearon el primer día del Génesis no eran solo palabras positivas, en ellas estaban la vida y la luz de cada uno de nosotros.

Deseo relatarte el momento en el que Dios creó la mañana y la tarde de un nuevo día en mi vida. Fue en la madrugada de un cuatro de julio. Yo tenía cinco días de estar en la cárcel porque una mujer mayor que yo me acusó de violación y de quedar embarazada a raíz de la violación. No era culpable de ese crimen, pero la ley del país donde vivía estipulaba en ese entonces, y quizás aún, que solo es necesario tener dos personas que atestigüen sobre cualquier crimen para encarcelar al acusado mientras se inician las investigaciones.

El primer día que fui arrestado me casé por lo civil en una de las estaciones de policía, y ese cuatro de julio era el día en que mi prometida y yo habíamos planeado unos meses antes tener nuestra ceremonia religiosa. Ahora ni sabía cuándo me iba a poder casar, ya que dependía de cuándo saliera de la cárcel. En esa época pastoreaba una de las iglesias más grandes de Latinoamérica.

Cuando la noticia de mi encarcelamiento llegó a oídos de los medios de comunicación se armó un escándalo público a escala nacional. El hecho de que uno de los pastores de la iglesia más grande e influyente del país fuese acusado de violación sexual era igual de explosivo para el lente, la cámara o la pluma de los periodistas como lo es el fuego para la pólvora. Bajo estas circunstancias recuerdo que oré de la siguiente manera esa madrugada del cuatro de julio:

«Dios, tú sabes que conforme a la ley de los hombres no soy culpable de lo que se me acusa, no soy culpable de la violación, ni soy responsable del embarazo. Pero delante de tu ley, soy culpable de esto y de mucho más. Por eso, si permanezco en esta cárcel por varios días, o por años, sé que lo merezco, porque he pecado contra ti. Señor, sea que me dejes en la cárcel o que me saques, te ruego que este día cambies mi corazón. Que me des un nuevo día. Que me libres de la cárcel en la que he estado por todos estos años, en donde he perdido la fe y la gratitud hacia ti, por lo que soy culpable. Dios, cambia mi corazón y te serviré con gratitud y fe, sin volver a levantar mi voz en contra tuya ya sea que me saques o me dejes en la cárcel, pero por favor, líbrame de la cárcel en la que he estado prisionero sin esperanza para poder servirte con alegría».

En ese día era más importante salir de una cárcel que no era física, pero que me aprisionó por toda una década en caminos de desorden, vacío y tinieblas. Entré en esa cárcel unos diez años antes, como a eso de las diez de la noche, hora en la que solía abordar el autobús casi todos los días al concluir la faena diaria. En ese entonces, trabajaba por la mañana dando clases de inglés en una escuela primaria, por la tarde estudiaba computación, y por la noche estudiaba Teología en un Instituto Bíblico. También eran días de mucha pobreza, a tal grado que en ese momento estaba viviendo en la casa de una tía.

La pobreza me impactó de tal manera que me llené de mucho desánimo y confusión, llegando a anhelar algún momento de paz. Constantemente me preguntaba: «¿Dios, por qué permites que pase momentos tan difíciles?» Mientras estaba sumergido en estos pensamientos, miré al otro lado del pasillo en el autobús en el que iba, y vi a una joven que me sonrió de una manera muy amigable. Por casualidad nos bajamos en el mismo lugar. Al bajarnos me ofrecí a acompañarla hacia su casa.

Esa noche nuestra conversación fue muy agradable. Al siguiente día, desperté e inicié mi rutina deseando encontrarme una vez más con ella, lo que sucedió en la noche cuando abordé una vez más el autobús a la hora acostumbrada. Al hablar con esta joven sentí como si hubiese tomado un analgésico para mi estado anímico, en esos minutos que estaba con ella me distraje de la preocupación que la crisis financiera me había producido. Fue esto lo que me llevó a considerar la idea de que si nos besábamos, entonces me sentiría mejor.

¿Cuántas veces no cometemos el error de tratar de mitigar el dolor en nuestro corazón o aquietar la tormenta de nuestros pensamientos con analgésicos? Analgésicos que egoístamente no nos llevan a solucionar una crisis, sino a escapar de ellas por un momento. Un escape que empieza a producir una dependencia en nuestra vida, al igual que químicamente se produce una dependencia en el cuerpo de un drogadicto hacia una sustancia. Esa noche besé y acaricié a esta muchacha.

Durante los minutos que estuve con ella, la ansiedad y la preocupación se esfumaron. Después de esa noche, nunca más volví a ver a esta joven. Sin embargo, en ese momento abrí una puerta que me llevaría hasta la cárcel diez años después, ya que por primera vez busqué mi propia manera de lidiar con el impacto de la crisis. Mi solución requería que me soltara de los principios y la esperanza de la Palabra de Dios para poder tomar un analgésico que la ignoraba.

Por un instante, por unos minutos, solté la luz de su Palabra y tome la luz de mi propio entendimiento. Cambié el enfoque de mi fe, y empecé a confiar en mis propias fuerzas. Eché a un lado aquello que era lo único capaz de crear luz en medio de mis tinieblas y decidí crear mi propia luz. En esencia, las paredes de la cárcel se empezaron a construir, porque esa noche decidí al igual que Adán y Eva que tomaría el fruto del conocimiento del bien y el mal, decidiendo lo bueno y lo malo, desechando la esperanza en las palabras de Dios.

De ese momento en adelante, cada vez que la soledad, la frustración o el inconformismo me inundabah, buscaba la manera de escapar de esos momentos por medio de la compañía de alguna joven, llegando aun a involucrarme sexualmente con varias durante dicha década. Durante ese mismo período de tiempo entré al ministerio a servir como pastor, y también me enamoré y conocí a la mujer que hoy es mi esposa.

Honestamente puedo decir que amaba profundamente al Señor y estaba convencido de la necesidad de una vida santa, pero por otro lado, era reo de mi inconformidad y de la creencia de que por estar en el ministerio trabajando para la iglesia, había truncado toda posibilidad de tener un trabajo bien remunerado, y por ende me había autosentenciado a vivir una vida limitada económicamente. Entonces hice del no tener suficiente dinero para casarme, para ayudar a mi madre, para tener un buen carro... el foco de mis frustraciones.

Por lo tanto, empecé a reclamarle a Dios. Cada día le demandaba que me dejara salir del trabajo que hacía como pastor, diciéndole que me iría mejor vendiendo papas en la esquina de una calle. Le pedía que me dejara escoger mi propio destino. Por años viví en esa cárcel de falta de fe y esperanza y de amargura, buscando mitigar mis frustraciones con momentos que se esfumaban como la neblina se esfuma al salir el sol. Si tenía que salir de alguna cárcel esa madrugada del cuatro de julio, era más importante salir de la cárcel en la que estaba cautivo mi corazón y mis pensamientos, y por consiguiente mi futuro.

Necesitaba salir de la verdadera cárcel de frustración y tinieblas, del desorden provocado por la iluminación de mi propia luz. Esa madrugada entendí que eran las palabras de decepción y frustración que gobernaban mi corazón las que crearon el camino para que tal infamia surgiera, para que el escándalo del que había hecho víctimas a mi familia, a la iglesia y a mis compañeros de ministerio cobrase vida. Ahora estaba en peligro de no poder casarme en la fecha tan anticipada con la mujer que tanto he amado. Por negarme a prestar mis oídos a su Palabra, ahora era vulnerable al plan de las tinieblas.

Esa madrugada, en respuesta a mi oración, Dios habló a mi corazón y declaró: «¡Sea la luz!» ¡Y fue la luz! Fue la mañana y la tarde de un nuevo día, un nuevo día donde me fue dado un nuevo corazón, un corazón donde una vez más fue sembrada la Palabra de Dios. Un corazón capaz de decir: «He aprendido a contentarme, cualquiera que sea mi situación. Sé vivir humildemente, y sé tener abundancia; en todo y por todo estoy enseñado, así para estar saciado como para tener hambre, así para tener abundancia como para padecer necesidad. Todo lo puedo en Cristo que me fortalece».

La tarde del cuatro de julio, la juez me dio libertad y me declaró inocente. Por la noche de ese mismo día me uní en matrimonio a mi amada esposa. Salí con mucha incertidumbre sobre el rumbo que debería tomar. Salí con una reputación destruida. Para algunos era culpable. Para otros era inocente. Para otros era un héroe, otros pensaban que era un villano. Pero ese día, aun cuando nadie podía verlo, salí con un corazón que experimentó la mañana y la tarde de un nuevo día después de diez años de tinieblas. Un nuevo día cuya luz me libró de la cárcel gracias a que oí la voz de aquel que formó los cielos y la tierra con el poder de su Palabra.

La palabra de Dios es la luz que crea un nuevo día en tu vida

Son las palabras de Dios, cuando estas caen en tu corazón y son recibidas como la semilla es recibida en tierra abonada, las que crean un nuevo día en tu vida. Si prestas oído a sus palabras todo lo que emprendas será prosperado, y tus días serán llenos de luz y no de tinieblas. Esto le fue dicho a Josué, el gran caudillo de Israel, al que se le encomendó guiar a este pueblo a conquistar la tierra en la cual se harían fuertes como nación. Este hombre tendría que enfrentar ejércitos más poderosos que ellos, con más historia, con más fuerza, además de que estaban estratégicamente mejor ubicados.

Pero este no era el único obstáculo que tendrían que vencer. Si conquistaban y derrotaban a todos sus enemigos, tendrían que construir una nación y establecer un sistema de vida que nunca antes habían experimentado. Era un momento crucial. Todas las generaciones anteriores soñaron con este momento. El pueblo que estaba con él tenía su esperanza en sus decisiones, y las generaciones que habrían de venir cosecharían del éxito o el fracaso que él obtuviese.

Si tú estuvieses en los zapatos de este líder, ¿qué te gustaría oír? Te gustaría saber cómo vencer a tus enemigos o cómo construir algo sólido y estable. Tal vez lo que más desearías es conocer cómo vencer tus propios temores, dudas y preocupaciones. ¿Cuál sería la mejor estrategia militar a seguir? Imagínate la cantidad de cosas que serían necesarias oír. Estoy seguro que cualquiera que sea la cosa más valiosa que alguien deseara saber, esta tendría que contestar a las siguientes preguntas: ¿Cómo puedo asegurarme que voy a tener éxito? ¿Cómo voy a estar seguro de que lo que haga me va a salir bien y de que no voy a lamentar las decisiones que tome? ¿Cómo sé que este es un nuevo día del que brotará una nueva historia?

Estoy seguro de que cada uno de nosotros desea conocer la respuesta a cada una de estas preguntas sobre las decisiones que debemos tomar en nuestra vida. Quizás no tenemos retos y enemigos tan feroces como los que Josué enfrentó. Tal vez no tenemos el peso de una nación y la historia de un país sobre nuestros hombros. Pero de igual manera, tenemos el peso de nuestra vida, el deseo de prosperar, de guiar nuestros caminos a buenas tierras y de alcanzar el éxito que deseamos.

El consejo que recibió Josué vino de parte de Dios. Creo que todos debemos admitir que en toda la creación no hay mejor consejero. Para sorpresa de muchos de nosotros, Dios no le habló sobre sus enemigos, no le dio la estrategia militar, no le habló sobre cómo establecer y construir una nación. Por lo menos, no lo hizo en ese momento. El consejo que Josué recibió sería el cimiento sobre el cual descansaría el éxito de cualquier campaña, mandato, plan u acción que él o el pueblo que dirigía emprendieran.

El consejo que recibió este líder no fue solo para él, también es para ti. Esto es si deseas oír a Dios aconsejarte sobre cómo experimentar un nuevo día, cómo emprender un nuevo camino, cómo construir un nuevo futuro, cómo vencer un viejo enemigo, cómo extender tus límites, cómo entrar a un nuevo territorio, salir del desierto en el que has estado por años, entrar a la tierra que otros han soñado poseer, pero que tú anhelas con el último aliento de esperanza que queda en ti y de la cual cosecharás por generaciones. Si deseas saber cuál es la luz que te llevará a convertir lo que parece un sueño en realidad, entonces abre tu corazón, agudiza tu oído y escucha a tu Creador decirte:

Solamente esfuérzate y sé muy valiente, para cuidar de hacer conforme a toda la ley (a toda la Palabra de Dios) que mi siervo Moisés te mandó; no te apartes de ella ni a diestra ni a siniestra, para que seas prosperado en todas las cosas que emprendas. Nunca se apartará de tu boca este libro de la ley [la Palabra de Dios], sino que de día y de noche meditarás en él, para que guardes y hagas conforme a todo lo que en él está escrito; porque entonces harás prosperar tu camino, y todo te saldrá bien.

—Josué 1.7-8

Sea la luz, y fue la luz, y la luz es la Palabra de Dios, que es la vida de los hombres, y contra ella no prevalecerán las tinieblas, y fue la mañana y la tarde del primer día, un nuevo día, un nuevo Génesis de esperanza para la tierra, para ti y para mí.

3

Un nuevo camino

Luego dijo Dios: Haya expansión en medio de las aguas, y separe las aguas de las aguas. E hizo Dios la expansión, y separó las aguas que estaban debajo de la expansión, de las aguas que estaban sobre la expansión. Y fue así. Y llamó Dios a la expansión Cielos. Y fue la tarde y la mañana el día segundo.

— Génesis 1.6-8

En varias partes del mundo los niveles de corrupción de algunos gobiernos han dado lugar a los elefantes blancos, es decir, a proyectos o inversiones que al final son utilizados para desfalcar los fondos gubernamentales. Recuerdo un proyecto que desarrolló un gobierno centroamericano que consistía en construir un aeropuerto internacional. En ese tiempo, la terminal sería una de las más modernas de la región.

El gobierno de dicho país contrató una empresa constructora europea para desarrollar todo el proyecto. Parte de los materiales para decorar el interior de la terminal fueron adquiridos y transportados desde España. Al acercarse el día en que las instalaciones serían inauguradas, en medio de toda la pompa y la expectativa creada con la construcción del aeropuerto, los medios de comunicación reportaron, para asombro de toda la nación, que a pesar de que el gobierno había destinado fondos para construir un nuevo aeropuerto no había planeado la construcción de una pista de aterrizaje para los aviones o una carretera de acceso hacia el mismo para los vehículos.

¡No crearon un camino de acceso ni para los pasajeros ni para los aviones! En medio de un lugar inaccesible había un bello edificio, con materiales de primera, con una moderna arquitectura y con tecnología muy avanzada, pero todo era en vano porque no habían construido un camino, es decir, una pista de aterrizaje para aviones o una carretera de acceso para vehículos. Por no tener un camino para pasajeros y para aviones, un gran edificio era inservible. En realidad, mientras no se construyeran esos caminos, toda la inversión, el esfuerzo y los planes eran en vano. Bajo esta perspectiva, si el edificio existía o no, no era trascendental.

De igual manera, cuantas veces hemos edificado planes que al final no sirvieron, o mejor dicho, no produjeron el bien deseado. ¿Cuál es el edificio que construiste y que nunca pudiste utilizar? ¿Qué estructura formaste que fue incapaz de sostener tus sueños? Sé que estas preguntas son comunes, y en un sentido válidas, ya que todos deseamos saber qué fue lo que nos afectó. Pero realmente la pregunta que debes hacerte es: ¿Qué camino desearías haber encontrado que no encontraste? Fue por no haber encontrado ese camino, por no saber dónde ir, qué hacer, o cómo salir del desorden, del vacío y de las tinieblas, que lo que construiste y edificaste fue en vano.

Fue la incapacidad de saber cómo salir de ese laberinto lo que aprisionó tu matrimonio, tus sueños, tu futuro, tu carrera o tu negocio; lo que finalmente debe ser identificado como el camino que no encontraste. Sin duda alguna ese camino existe en algún lado. La humanidad está llena de evidencias de personas que han logrado sobreponerse a crisis similares a las nuestras, pero tú no encontraste el camino. No había un camino o una salida.

Usaste tus mejores materiales, diste tus mejores deseos, invertiste tus más preciados esfuerzos, pero no encontraste la pista que te permitiera despegar de la crisis en la que estabas. La mayoría de los fracasos no se deben a que no hubo un comienzo, pues para fracasar en algo tuvimos que intentar alcanzar algo. Los desórdenes, la confusión, el vacío y las tinieblas no se entronan solo donde no hubo un comienzo, sino lo hacen además donde no hubo un camino. Un camino que nos diera acceso a una terminal desde donde pudiésemos lanzar nuestros sueños a nuevos horizontes, extendiendo los límites que nos aprisionan a nuevas fronteras, para finalmente salir del laberinto que nos ha mantenido cautivos.

Es por eso que en el principio de la creación, el Génesis no solo consistió en separar la luz de las tinieblas, en traer un nuevo día, un nuevo comienzo, sino que además, Dios creó la expansión, separando las aguas de las aguas, creando de esa manera los cielos, y al crear los cielos, creó un nuevo camino.

Las aguas se habían convertido en el laberinto, el laberinto en el cual la tierra estaba atrapada en desorden, vacío y tinieblas. ¿Cómo se define el laberinto en el que estás atrapado: confusión, desánimo, inseguridad, crisis financiera, drogas, soledad, depresión? ¿Cómo definirías tu laberinto? No hablo de experiencias únicamente, no me refiero solo a circunstancias, sino a momentos donde no sabes dónde ir, y a la vez tampoco sabes qué hacer. Haz intentado todo lo que te han sugerido, has probado una y otra cosa, pero al final, sigues siendo presa del mismo laberinto sin saber qué hacer o dónde ir.

Abraham Lincoln, uno de los más grandes presidentes de la historia estadounidense, dijo sobre esos momentos donde no sabemos dónde ir o qué hacer: «Muchas veces, al estar tan agobiado por la abrumadora realidad de que no tengo a dónde ir, me he encaminado a arrodillarme». Este gigante de la historia mundial reconoció que en aquellos momentos de confusión y desorden que perturban nuestra habilidad de reconocer un camino, reduciéndonos a tal impotencia que no sabemos a dónde ir o qué hacer, en esos momentos, siempre existe por medio de la oración un camino, una salida al laberinto, una oportunidad que se inicia en los cielos y que te da una salida en la tierra.

Quizás has andado por varias sendas, buscando respuestas,

dirección, consejos, o una oportunidad para volver a empezar, pero hoy no solamente estás desanimado, sino frustrado y convencido de que todo intento por llegar a un mejor destino es en vano. Es por eso que necesitas arrodillarte para orar y buscar de esta manera en los cielos las respuestas a tus necesidades en la tierra. Jesucristo mismo nos modeló con su vida el valor de la oración y nos instó a orar.

> La bendición solo se encuentra
> hablando con Dios cara a cara

Hay puertas que solo se abren con la llave de la oración. Hay caminos que solo se construyen de rodillas. Hay respuestas que solo llegan cuando en medio de días malos decides venir de rodillas ante tu Creador, para que Él te dé una salida, una respuesta. Hay oportunidades que solo nacen en la expansión de los cielos. Hay una bella historia en la Biblia que ejemplifica de manera dramática esta realidad. El marco de la historia es una larga y solitaria noche en la vida de Jacob, uno de los patriarcas del pueblo judío.

Era el fin de un laberinto del que había estado tratando de huir por más de veinte años, o tal vez estaba en el inicio del laberinto, de regreso a donde todo empezó a salir mal. La verdad es que ya no importaba, Jacob no tenía a dónde ir ni sabía qué hacer. No había un camino. Sin duda alguna era un callejón sin salida donde cada segundo que pasaba lo acercaba al romper del alba, convirtiendo en inevitable la confrontación entre él y su hermano gemelo Esaú, quien deseaba matarle y despojarle de todo lo que poseía.

Evitando este momento, Jacob se había autoexpatriado de su tierra, refugiándose por las últimas dos décadas en la tierra y en la casa de su suegro Labán. Esos fueron tiempos de gran aflicción para su alma, fue engañado por su suegro, que en vez de entregarle en la noche de su boda a Raquel, a quien amaba y por quien había trabajado siete años, le entregó a Lea, la hermana mayor, quebrándole no solo el corazón, sino forzándolo además a trabajar catorce años, siendo su única compensación el poder casarse con su amada Raquel.

Como él mismo le dijo a Labán, solamente por causa de Dios no estuvo desprotegido todo ese tiempo, ya que su suegro abusó de él al no pagarle el salario que merecía por su labor durante todos los años que trabajó para él después de haber cumplido con el tiempo de trabajo estipulado como dote por el matrimonio con sus hijas. Por si fuera poco, todo ese tiempo sus esposas se la pasaron en una riña continua, su madre murió sin que él pudiera estar presente, y al final, Jacob tuvo que salir huyendo de la casa de Labán como si fuese un ladrón, por temor a la reacción de sus cuñados que creían que él se enriquecía a causa de lo que le robaba a su suegro. Y si no hubiese sido porque Dios se le aparece a Labán advirtiéndole que no le hiciera daño alguno a Jacob, este hubiese encontrado la muerte en las manos del padre de sus esposas.

Tal vez te estas preguntando: ¿Cómo fue que empezó esta trágica historia? ¿Qué hizo este hombre para que todo camino que emprendiese le llevase a un callejón sin salida? Lo irónico es que todo empezó cuando quiso poseer un sueño, una meta, un deseo que había perseguido desde el vientre de su madre. Al igual que muchos laberintos de los que nosotros hemos sido presos, este se inició con la determinación de un hombre de poseer su destino luchando por lo que deseaba con todas sus fuerzas.

Jacob tuvo la mala fortuna de haber sido el segundo en nacer. Este hecho lo ponía en desventaja ante su hermano gemelo Esaú al momento de recibir la herencia y la bendición de su padre Isaac, conforme a las costumbres y leyes de su época. Te puedes imaginar lo injusto que dichas leyes parecían a la vida de Jacob. Incluso, él le había comprado el derecho a su hermano a la primogenitura por medio de un plato de lentejas, lo que demostraba el poco valor que tenía para Esaú el ser el primogénito, algo que Jacob había ambicionado toda su vida.

A pesar de su mala suerte en la hora del nacimiento, Jacob estaba determinado a abrirse un camino, a construirse una senda por medio de la cual iba a cambiar la historia. Una historia que hasta ese momento le despojaba de manera injusta de un futuro lleno de riqueza y de triunfos. Fue por esta razón que el día en que Isaac iba a pronunciar la bendición a favor de su hermano y nombrarlo heredero, aprovechándose de la ceguera de su padre y siguiendo el consejo de su madre, se vistió como su hermano y lo suplantó llegando aun a jurar en nombre de Dios a su padre que él era Esaú, no Jacob. El patriarca logró su sueño, construyó el edificio desde el que iba a alcanzar todos sus deseos.

Pero ese momento, que debería de ser el inicio de una cadena de conquistas, se convirtió en el inició de un laberinto que le asechó y finalmente le dominó como una fiera salvaje domina a su presa, arrinconándolo por los próximos veinte años a pesar de todo el esfuerzo que hizo para evitar las consecuencias del odio que engendró en su hermano Esaú debido a su traición, e impidiéndole a la vez cosechar del derecho que ahora tenía a la bendición y la herencia de su padre.

Quizás tú no estás en un callejón sin salida por las mismas razones que Jacob estuvo esa noche. Obviamente él se cegó por la ambición al dinero, al poder y a la gloria. Sin que importe qué lo cegó, ni lo poco ético y moral que haya sido su comportamiento, al igual que Jacob tú llegaste al inicio de un laberinto porque un día te atreviste a entrar por una puerta que prometía llevarte al camino donde conquistarías tus sueños, donde poseerías tus deseos y donde crearías tu propio destino. Pero esa puerta, en vez de abrirse al futuro que vislumbrabas, te puso en un camino de confusión, que te arrinconó de tal manera que hoy no sabes qué hacer ni a dónde ir.

Esa noche, después de veinte años, al rayar el alba, Jacob enfrentaría a su hermano Esaú quien venía con cuatrocientos hombres armados. Le había mandado presentes buscando aplacar su ira y su sed de venganza. Pero en caso de que esto no fuese efectivo, él había dividido estratégicamente sus posesiones y su familia en dos campamentos, de forma tal que Esaú se viese obligado a atacar uno de los dos, dándole de esa manera a Jacob la oportunidad de poder salvar la otra parte de sus riquezas y familia. Esa noche había hecho lo último que estaba a su alcance para evitar la totalidad de la furia del laberinto que lo aprisionaba.

¿Cómo has dividido tus posesiones? ¿Has llegado al punto de saber que la tormenta que azotará tu vida es tan inevitable que lo único que queda es elaborar un plan de emergencia para perder la menor cantidad posible de riquezas? ¿O tal vez sabes que lo único que puedes hacer es salvar una cosa de todas las que posees? Al decir riquezas, no hablo de riquezas financieras, sino de aquellas cosas que amas y que has buscado toda tu vida. Hoy, al final o al inicio del laberinto una cosa es cierta, algo tiene que ser sacrificado.

Un nuevo camino

Quizás es el momento inevitable de ver mutilados los sueños que te llevaron al altar, o la ilusión y el futuro que vislumbraste para tu familia, o la carrera que empezaste, o el ministerio que forjaste. La razón por la que debe ser sacrificado algo no es por falta de buena voluntad de tu parte para salvarlo, no es por falta de talentos y de intentos, sino se debe a que no encontraste el camino, la ruta que te guiara a un puerto seguro y estable. Si me lo permites, déjame mostrarte cómo relata la Biblia ese momento en la vida de Jacob, en el que estaba en un callejón sin salida, en un laberinto en donde no encontraba un camino:

> *Y se levantó aquella noche [Jacob], y tomó sus dos mujeres, y sus dos siervas, y sus once hijos, y pasó el vado de Jacob. Los tomó, pues, e hizo pasar el arroyo a ellos y a todo lo que tenía. Así se quedó Jacob solo; y luchó con él un varón hasta que rayaba el alba. Y cuando el varón vio que no podía con él, tocó en el sitio del encaje de su muslo, y se descoyuntó el muslo de Jacob mientras con él luchaba. Y dijo: Déjame, porque raya el alba. Y Jacob le respondió: No te dejaré, si no me bendices. Y el varón le dijo: ¿Cuál es tu nombre? Y él respondió: Jacob. Y el varón le dijo: No se dirá más tu nombre Jacob, sino Israel; porque has luchado con Dios y con los hombres, y has vencido. Entonces Jacob le preguntó, y dijo: Declárame ahora tu nombre. Y el varón respondió: ¿Por qué me preguntas por mi nombre? Y lo bendijo allí. Y llamó Jacob el nombre de aquel lugar, Peniel; porque dijo: Vi a Dios cara a cara, y fue librada mi alma. Y cuando había pasado Peniel, le salió el sol; y cojeaba de su cadera.*
>
> — Génesis 32.22-31

Esa noche en Peniel, Jacob quedó a solas, y la soledad junto con el desconocimiento de lo que debía hacer o a dónde ir le llevó a hincarse de rodillas, a buscar en el cielo, en el rostro de Dios, un camino de bendición que libraría su alma de la aflicción de aquellos veinte años. Con ruego, con lloro y con súplica el patriarca venció aquella noche. Después de aquel encuentro en Peniel, dejó de ser el astuto engañador, alguien que estaba dispuesto a hacer uso de cualquier recurso para lograr su propósito, para llegar a ser conocido por el nombre de «Israel o el que pelea con Dios». No el que pelea en contra de Dios, sino el que pelea al lado de Dios.

Peniel es el monte, es el lugar, es el momento cuando al no encontrar una ruta de escape, una manera de escabullirnos de las tinieblas, del vacío y del desorden, tiene que sacrificar. Quizás es el final o el principio de un laberinto, en verdad no importa, pero lo importante de Peniel es que por nuestra impotencia humana ante lo que nos hunde, nos encaminamos a arrodillarnos para encontrar en los cielos la puerta que nos abre una entrada para un nuevo camino en la tierra. Un nuevo camino como el de Jacob, un camino que restauró una relación. Un camino que le permitio poseer los sueños en vez de que fueran mutilados. Un camino que le llevó a vencer, a triunfar, y a redefinir su historia a pesar de las circunstancias que le envolvían.

De allí que su muslo fue quebrado como símbolo de que había encontrado una nueva manera de caminar. Un camino de bendición, un camino que fue creado al igual que la expansión en el segundo día, un nuevo Génesis, un camino que lo llevó a los cielos. Y en los cielos encontró la bendición para andar en la tierra. Después de esa noche en Peniel, después de haber llorado, de haber suplicado, de haber clamado, después de esa noche de haber encontrado una expansión que le llevase a los cielos, Esaú le perdonó, y Jacob no tuvo que seguir huyendo más de su pecado, sino que regresó a poseer la tierra que Dios le había prometido como herencia. Ahora no peleaba en sus fuerzas, sino en las del Señor Todopoderoso.

La vida de Jacob es ejemplo de los conflictos que atravesamos los hombres en la búsqueda del camino que nos lleve a desarrollar los sueños de nuestro corazón. Lo que encontramos no es el camino que vislumbramos, sino uno lleno de espinas en vez de rosas. Al igual que el patriarca, tú debes decidir humillarte de rodillas y volver a la oración como una necesidad para encontrar en los cielos la bendición divina que te lleve a poseer victorias en la tierra.

Busca en Peniel el momento de la presencia de Dios donde tu matrimonio va a encontrar un nuevo rumbo. En Peniel es donde serás tocado de tal forma que en ese toque que se hará en tu muslo encontrarás una nueva manera de caminar, por medio de la cual guiarás a tus hijos, o tu negocio, o tus finanzas a un lugar donde sea evidente que Dios te ha bendecido y al que te ha guiado a poseer, no a ser desposeído. Dios no está interesado en darte solo un nuevo principio y un nuevo día, sino que además desea construir un nuevo camino para que puedas alcanzar y poseer todo lo bueno por lo cual te ha dado un nuevo día y un nuevo principio.

Es por medio de la oración que entramos a los cielos, y en ellos encontramos un trono de gracia, un trono donde encontramos favores y beneficios que no merecemos, pero que podemos poseer si venimos a Peniel a encontrarnos con Dios cara a cara y a dejar que su toque nos enseñe una nueva manera de caminar. Tal vez tú no has sido muy religioso, o no sabes cómo orar, o no sabes cómo encontrar ese monte de nombre Peniel, por ende te desanimas a buscar en la oración el camino que te conecta con los cielos. Dios, conociendo tus pensamientos y previendo que tu razonamiento no te inspira a creer que en los cielos hay una respuesta a tus necesidades, dio la siguiente promesa:

> *Por tanto, teniendo un gran sumo sacerdote que traspasó los cielos, Jesús el Hijo de Dios, retengamos nuestra profesión. Porque no tenemos un sumo sacerdote que no pueda compadecerse de nuestras debilidades, sino uno que fue tentado en todo según nuestra semejanza, pero sin pecado. Acerquémonos, pues, confiadamente al trono de la gracia, para alcanzar misericordia y hallar gracia para el oportuno socorro.*
> —Hebreos 4.14-16

Para acercarte al trono de la gracia, para venir a Peniel, al lugar donde hablas cara a cara con Dios, solo necesitas creer que allí te están esperando para darte misericordia y gracia para el oportuno socorro de lo que estás enfrentando. Y en esa gracia y misericordia se encuentra el toque que cambia tu manera de caminar, mostrándote un camino más alto que el tuyo.

La primera vez que yo fui a Peniel, al igual que Jacob, decidí arrodillarme para buscar un nuevo camino, una salida en lo que parecía un laberinto sin fin. En realidad no fue para mí, sino para una amiga a la que llamaré Gladys. Fue en el segundo semestre de mi primer año en el instituto donde hacía mis estudios en computación. Un día, Gladys se me acercó muy perturbada para pedirme que hablásemos al final de la clase. Al reunirnos, ella me contó que sus padres se estaban divorciando, que su hogar se había vuelto un infierno, y me pidió que por favor orase por ella para que este divorcio no se realizara.

Pensando que tal vez el asunto no era tan grave como parecía, decidí preguntarle qué tan avanzado estaba el proceso de divorcio. Cada uno de sus padres tenía su propio abogado, en dos días el padre iría ante un juez con la madre, y si él estaba de acuerdo con los términos firmaría el acta de divorcio, y tres días después iría la madre a firmarlo. Parecía un asunto resuelto, indudablemente era un callejón sin salida, un laberinto del que parecía imposible escapar. Por los siguientes dos días le rogaba a Dios en todo momento que podía que por favor tocara el corazón de los padres de Gladys para que no se divorciasen.

Al tercer día, cuando volví a ver otra vez a mi amiga, me contó que su padre había firmado el acta de divorcio y ahora solo faltaba que su madre la firmase. Al oír sus palabras yo deseaba estar muerto. Pero en ese instante recordé que en el semestre anterior Gladys me había confesado que ella no creía en Dios. En realidad lo dijo atacando mi fe en Él. Al recordar lo que había pasado le dije: «¿Recuerdas que en el semestre anterior en la clase de Legislación Laboral dijiste que no necesitabas a Dios, y yo te dije que ibas a tener un problema por el que me ibas a buscar para que orara por ti, y Dios iba a solucionar tu crisis en respuesta a la oración?»

No pretendo decir que ella era la culpable del problema de sus padres. Sus padres tenían problemas que se originaban en la falta de comunicación y de comprensión. Pero sí debo señalar que su altivez la puso en un lugar de humillación pública, donde tuvo que ser confrontada por la arrogancia de creer que su razonamiento era el único dios al que debería oír. Para fortuna de ella, esta humillación la trajo al altar del único y verdadero Dios. Encaminándola a buscar en oración un camino que no existía en su fuerza o en la de sus padres, por lo que seguí rogándole a Dios que creara un camino de reconciliación, perdón, amor y unidad en la vida de esta pareja.

El día después de la cita de la madre de Gladys con el juez, la volví a ver en otra clase a la que asistíamos juntos. Ese día llegué determinado a evadir a mi compañera por el resto de mi vida, ya que el peso de mi humanidad llenó de temor mi corazón, convenciéndome de que lo que pedía era demasiado grande. Al terminar la clase Gladys me saludó de lejos, le sonreí y desaparecí tan rápido como el viento se mueve de un extremo a otro en un valle abierto. Por las siguientes dos horas, caminé por la escuela evitando encontrarme con mi amiga.

Cuando estaba saliendo de la institución e iba camino hacia mi casa, pensaba que con suerte había evitado la vergüenza de oír lo que había sucedido ante el juez. En ese momento, como por arte de magia, Gladys apareció frente a mí. Pensé que este sería el fin de mi reputación. Al verme ella me dijo:

—Te he estado buscando todo el día.

Yo le sonreí, aunque pensaba dentro de mí: «Y yo te he estado evadiendo todo el día».

—Déjame contarte lo que pasó ayer —me dijo—. Mi madre fue al juez y firmó el acta de divorcio.

En ese momento deseaba desaparecer como desaparecen los astronautas a la velocidad de la luz en las películas de ciencia-ficción. Sentía que me desmayaba de la pena. «¿En qué momento me había metido en este lío?», me pregunté a mí mismo. Fueron segundos pero parecían siglos los que estaba viviendo.

Mientras me hundía en el desconsuelo, mi amiga continuó relatándome lo ocurrido en el juzgado:

—Y después que mi madre se fue del juzgado, cuando iba a media cuadra de la corte, mi padre entró a la oficina del juez y preguntó si mi madre había llegado. El juez le dijo que ya había firmado el acta y que hacía unos segundos se había ido.

—Mi padre —siguió diciendo la muchacha—, corrió a alcanzar a mi madre, le pidió perdón, le dijo que la amaba, y juntos regresaron donde el juez. El juez, al oírlos rompió el acta de divorcio y cerró el caso.

—¿Cómo? —le pregunté.

—¡Mis padres no se divorciaron! —me dijo Gladys—. ¡Dios te oyó, Él es real. El juez rompió el acta del divorcio!

Una vez más en Peniel, en los cielos, en el lugar donde un hombre habla cara a cara con Dios, es creado un camino, una salida en medio del desorden, del vacío y de las densas tinieblas de una crisis, en este caso matrimonial. Una crisis que tenía sumergida a una familia en un callejón sin salida. La oración había creado un camino que no existía. Una salida que solo pudo ser hecha en los cielos.

Atrévete a incluir en tus días la disciplina de venir a los cielos, de visitar Peniel y hablar con Dios sobre tus caminos, para que si se tuercen, o si te arrinconan como a Jacob en un callejón sin salida, Él te los enderece. Para poseer un nuevo principio, un nuevo Génesis, necesitas construir de rodillas por medio de la oración los caminos que te llevarán a obtener victorias, y las veredas que te traerán bien. Cuando no sabes a dónde ir, cuando no sabes qué hacer, cuando eres incapaz de sobrellevar el riesgo y el impacto de circunstancias llenas de tinieblas, vacío y desorden, en esos momentos no olvides que Dios desea crear un camino de bendición en tu vida para salir del laberinto en el que estás.

Finalmente, deseo dejarte no solo con el modelo de oración que nos dio Jesús para que aprendiésemos cómo orar, sino además, con la esperanza de que al orar vas a encontrar nuevos caminos para alcanzar la tierra que has sido llamado a poseer.

El Padrenuestro

Y orando, no uséis vanas repeticiones, como los gentiles, que piensan que por su palabrería serán oídos. No os hagáis, pues, semejantes a ellos; porque vuestro Padre sabe de qué cosas tenéis necesidad, antes que vosotros le pidáis. Vosotros, pues, oraréis así: Padre nuestro que estás en los cielos, santificado sea tu nombre. Venga tu reino. Hágase tu voluntad, como en el cielo, así también en la tierra. El pan nuestro de cada día, dánoslo hoy. Y perdónanos nuestras deudas, como también nosotros perdonamos a nuestros deudores. Y no nos metas en tentación, mas líbranos del mal; porque tuyo es el reino, y el poder, y la gloria, por todos los siglos. Amén.

— *Mateo 6.7-13*

4

UNA NUEVA TIERRA

Dijo también Dios: Júntense las aguas que están debajo de los cielos en un lugar, y descúbrase lo seco. Y fue así. Y llamó Dios a lo seco Tierra, y a la reunión de las aguas llamó Mares. Y vio Dios que era bueno. Después dijo Dios: Produzca la tierra hierba verde, hierba que dé semilla; árbol de fruto que dé fruto según su género, que su semilla esté en él, sobre la tierra. Y fue así. Produjo, pues, la tierra hierba verde, hierba que da semilla según su naturaleza, y árbol que da fruto, cuya semilla está en él, según su género. Y vio Dios que era bueno. Y fue la tarde y la mañana el día tercero.

—⌒ Génesis 1.9-13

¿Alguna vez has visto una tierra árida, sin vegetación, seca o estéril? Allí cultivar se vuelve difícil y casi imposible. Sembrar sin fertilizantes que nutran la tierra es como una misión suicida, que terminaría aniquilando los mejores intentos para obtener algún tipo de cosecha satisfactoria. Hay terrenos que se han deteriorado tanto en su capacidad productiva a través de los años que es necesario abonarlos para convertirlos nuevamente en tierra fértil. En otras palabras, el abono nos ayuda a crear una nueva tierra, con una nueva capacidad de vida.

¿Cuántas veces has sembrado en una tierra árida? No pretendo insinuar que eres un agricultor, pero al igual que un agricultor siembra en un campo buscando obtener una cosecha abundante, todos, por medio de nuestras decisiones, intentamos sembrar semillas de esperanza, felicidad, éxito o prosperidad buscando obtener una cosecha de triunfos. Por eso te pregunto: ¿Has sembrado en una tierra árida, donde tus semillas no han producido el fruto deseado, y en el peor de los casos, donde no ha llegado a nacer nada?

Hace un tiempo atrás, cuando se secó el césped de la parte de enfrente de mi casa, le pregunté a un ingeniero agrónomo qué debía hacer para revivir el pasto y así embellecer la entrada de la casa. Él me contestó: «Antes de sembrar una nueva semilla tienes que abonar la tierra, porque esta tierra con el paso del tiempo se ha desgastado, no está lo suficientemente fértil para que las plantas crezcan saludables. Al abonar la tierra la vas a nutrir, y lo que siembres será muy fructífero. Tienes que volver esta tierra una tierra fértil».

¿Con el paso del tiempo se ha vuelto tu matrimonio una tierra árida? Tu negocio, tu profesión o tus planes son como semillas que han caído en una tierra donde no han sido fructíferas. Tu meta de vencer los temores que han limitado tu autoestima, tu lucha por conquistar la frustración que te ha convencido de tu mediocridad, o tu anhelo de quebrar la pobreza que ha marcado tu caminar, han sido semillas que has sembrado en una tierra débil, donde el fruto a sido escaso o inexistente.

Tal vez ni siquiera tienes una tierra donde sembrar. No tienes un amor que abrigue tu corazón llenándolo de ilusión y de valor. Quizás no tienes un ingreso económico que te permita soñar con un futuro seguro y estable. Puede ser que no tengas esperanzas de un mañana mejor, porque el ayer desbastó los nutrientes de tu tierra, o la cubrió bajo aguas de ríos de fracasos que se desbordaron. Probablemente así como en el inicio de la creación, tu tierra está cubierta bajo las aguas de días de tinieblas, desorden y vacío.

¿Cómo definirías tú tierra? ¿Es un desierto árido donde la salida del sol te irrita cada día, y donde la noche envuelve tu alma en la más densa tiniebla? ¿Es un terreno tan desgastado por el impacto negativo de las cosas que has enfrentado, que nada de lo que siembras da frutos, ya que las semillas de tus esfuerzos por romper los ciclos destructivos que te han abatido mueren al caer en el suelo?

Quizás tu tierra no es desértica, pero es un terreno pedregoso donde la prosperidad llega a alcanzar ciertos límites, pero de allí nunca pasa. Tal vez es como un potrero, donde la mala hierba de la falta de oportunidades ha ahogado el fruto de tus mejores cosechas. Puede ser que tu tierra sea un valle tropical fértil, pero a pesar de que has cosechado éxitos en muchas áreas, hay semillas que no brotan en ella. Así tus finanzas andan bien, pero tu hogar nunca ha visto una cosecha de paz o armonía.

A pesar de cualquiera que sea el estado de tu tierra, el Génesis existe para darte una nueva tierra y remover las aguas que te han sumergido en la inhabilidad de ser fructífero en los planes o sueños que has trazado. El Génesis consistió en crear un nuevo día separando la luz de las tinieblas, en traer esperanza en medio de la desolación. Además, Dios juntó las aguas que estaban debajo de los cielos para descubrir una tierra que produjese árboles que diesen frutos con semillas, una tierra que no fuera desgastada por el paso de años de fracasos experimentados, o por intentos que nunca dieron fruto.

En el Génesis se creó un terreno fructífero. Al juntar las aguas para descubrir lo seco se quitaron los límites que impedían la multiplicación, la victoria y el éxito, para dar lugar a una nueva tierra. El tercer día terminó con el eterno viaje que no llegaba a ningún lugar, produciendo árboles cuyos frutos tuviesen semillas. Las semillas representan la promesa de que el fruto no existiría solo en un árbol o en un terreno específico. Las semillas en el fruto representan la esperanza de terminar con los límites que restringieran la abundancia del fruto. Las semillas son la promesa de superar o vencer cualquier limitación en una tierra árida.

Los límites se vencen creyendo a las promesas de Dios

En el tercer día de la creación, en el Génesis, fue dada la habilidad de vencer el desorden, el vacío y las tinieblas con la promesa de una nueva tierra con árboles que diesen fruto, y que sus frutos tuviesen semillas. Una tierra árida se vuelve fértil abonándola. Tu abono es la habilidad de creer que puedes superar los límites que te han restringido. Esta habilidad es la bomba que te permite drenar las aguas que han sepultado tu campo.

Ana Pérez, después de ser secretaria de prensa de Bárbara Bush por más de un año bajo el gobierno del Presidente George Bush, Sr., se maravillaba del éxito y la posición tan alta que había alcanzado. Tenía muy buenas razones para estar tan sorprendida, ya que hubo una época en su vida en donde soñaba, no en tener un puesto importante en la Casa Blanca, sino en tener un techo sobre su cabeza. Cuando Ana tenía cinco años de edad, un día al regresar de la escuela, encontró a su madre, sus dos hermanos y sus dos hermanas sentados en la calle. Habían sido desalojados de su vivienda por razones económicas.

Al recordar ese episodio Pérez relató: «Mi madre tuvo que separar a la familia, yo tuve que vivir con mi maestra de escuela por un tiempo. Sin importar qué tan críticas se volvían nuestras circunstancias, mi madre siempre nos explicaba e insistía que nuestras vidas no estaban determinadas o limitadas por nuestras circunstancias económicas, sino que nosotros seríamos definidos por nuestra habilidad de superar o vencer nuestras crisis».

La semilla en el fruto es la habilidad de vencer y quebrar los límites. La nueva tierra creada en el Génesis es la promesa de árboles, de matrimonios, de planes, de metas, cuyos frutos tienen semillas. En esta tierra has sido llamado a vivir bajo una nueva ley, una nueva cultura, una promesa de recoger donde no has cosechado, de poseer lo que no has edificado, y de tener mas allá de tus fuerzas, de tu suerte, o de lo que el paso del tiempo ha hecho en tu terreno.

En la cúspide de la vida de Abram y Sarai, ellos poseían

mucha grandeza, prosperidad y riquezas. La única limitación de esta pareja era que nunca habían podido tener hijos, ya que Sarai había sido estéril toda su vida. El impacto de la esterilidad biológica fue como un dardo que partió el alma de cada uno de ellos, terminando con los sueños de un hogar, volviendo una tierra fructífera en un panteón, un cementerio donde eran sepultados toda ilusión, esfuerzo y éxito.

Esto se evidencia en un momento específico en el que Abram, buscando liberar a su sobrino Lot, venció a un ejército de cinco reinos con una fuerza militar compuesta por sus siervos nacidos en casa. En la cumbre de su victoria, donde demostró su amor por su familia, su lealtad aun cuando el sobrino lo había defraudado, su grandeza al convertir a sus sirvientes en un ejército de vencedores, y su fe al honrar a Dios con el botín obtenido, el Señor se le aparece y le dice: «¡No temas, Abram! ¡Yo soy tu escudo, y muy grande será tu recompensa!»

Fue un gran momento donde le fue dada una gran esperanza. Abram evaluó toda posible recompensa y concluyó tristemente que fuera lo que fuera, no valía la pena. El corazón de este hombre estaba tan devastado que le era imposible ver un cambio positivo ante cualquier recompensa. ¿Al mirar hacia el horizonte al que apuntan tus días, haz dejado de ver con esperanza la posibilidad de alcanzar tus sueños? Es este sentir lo que lleva a Abram a decirle a Dios:

> *Señor y Dios, ¿para qué vas a darme algo, si aún sigo sin tener hijos, y el heredero de mis bienes será Eliezer de Damasco? Como no me has dado ningún hijo, mi herencia la recibirá uno de mis criados.*
>
> —*Génesis 15:2-3, NVI*

Una persona no llega a considerar su vida una ruina si no hubiese sido abatido por la mutilación de sus sueños y el fracaso de sus esfuerzos. Como cualquiera de nosotros, ellos intentaron superar sus limitaciones. Buscaron una manera alterna de poseer el fruto que su matrimonio era incapaz de dar. Hoy en día, una pareja bajo las mismas circunstancias buscaría adoptar un bebé o consideraría la inseminación artificial. En ese entonces, la cultura permitía que la esposa pudiera darle una de sus siervas al marido para que fuese su amante, con la intención de adoptar como propios los hijos que surgiesen de esta relación.

No se necesita ser una autoridad en la cultura del antiguo mundo mesopotámico, en el que vivió Abram y Sarai, para reconocer que la solución al problema agrandaría la crisis. En el caso de este matrimonio, la sierva era una egipcia de nombre Agar. Cuando Agar concibió, empezó a ver con desprecio a su señora Sarai, que a su vez se quejó y culpó a su esposo por lo que estaba sucediendo. La solución que buscaba terminar con el problema se volvió la chispa que encendió un fuego de desprecios, acusaciones y aflicciones.

Es triste cuando nuestros mejores intentos se convierten en las nubes que nos traen las peores tempestades. ¿En que área se vuelve vano todo esfuerzo que haces por cosechar, o por romper los límites que te restringen a vivir bajo la frustración o la mediocridad de tus sueños, en vez de alcanzar el éxito deseado? Lo único que Abram y su esposa lograron al tratar de solucionar el problema fue acrecentar la crisis a dimensiones aún mayores. Si quedaba alguna gota de ilusión, ahora había sido completamente aniquilada.

La riqueza que más anhelaba esta familia era tener un hijo. Sin esta riqueza cualquier otro logro obtenido era trivial y sin propósito. Cuando no podemos poseer el tesoro que desea nuestro corazón, entonces la ausencia de esa riqueza se convierte en un sepulcro que entierra todo lo demás, incluyendo el éxito o el triunfo que logremos alcanzar en otras áreas. Y el fruto de nuestra vida es aprisionado por cadenas de frustración y fracaso.

Quizás ahora te preguntas: ¿Cómo se puede cambiar esta realidad? ¿Cómo se convierte una tierra árida en una tierra fructífera? ¿Cómo se edifica sobre las ruinas, el escombro y la devastación del tiempo? ¿Cómo puede una persona de ochenta años, es decir Abram, poseer lo que nunca antes había poseído, o a tu edad, vencer lo que no has podido vencer? ¿Cómo puede descubrirse la tierra que está bajo las aguas que han consumido tus fuerzas? Dios reacciona de la siguiente manera a la falta de esperanza de Abram:

> *Luego el Señor lo llevó afuera y le dijo: Mira hacia el cielo y cuenta las estrellas, a ver si puedes. ¡Así de numerosa será tu descendencia! Abram creyó al Señor, y el Señor lo reconoció a él como justo.*
>
> —↶ Génesis 15:5-6, NVI

Abram deseaba un hijo, un árbol con fruto, pero Dios, al igual que en el tercer día del Génesis, creó para este hombre por medio de su palabra una tierra con árboles con frutos, y con frutos que tuvieran semillas. Al mostrarle lo incontable que son las estrellas del cielo y decirle que así sería su descendencia, le llevaba con esta promesa fuera de los límites de la esterilidad, de la edad avanzada en la que estaban él y su esposa, y de los fracasos del pasado que destruyeron sus sueños. La promesa de una tierra nueva no está basada en nuestras limitaciones.

Una nueva tierra, donde el fruto se vuelve tan numeroso

como las estrellas del cielo, no se posee por el simple hecho de cambiar de una actitud negativa a una positiva, de ambiente, de religión o de filosofía. Sin duda alguna hay momentos que con solo hacer estas cosas se logran algunos cambios favorables, pero por otro lado, cada uno de nosotros ha experimentado que hay cosas que somos incapaces de cambiar a pesar de cualquier intento que se haga. Es de estas cosas que te hablo. Una tierra árida se transforma con la habilidad de dar frutos tan numerosos como las estrellas del cielo cuando se abona con las promesas de Dios. Las promesas del Señor nos muestran su plan para nuestra vida, aun cuando parece que todo es en vano.

¡Dios tiene un plan para ti!

Algunas veces el resultado de los caminos por los que hemos andado nos han dejado en algunas áreas sin una posibilidad real de un futuro prometedor. Pero al dejar que Dios nos lleve fuera de nuestros límites para mostrarnos sus promesas, como le mostró a Abram las estrellas del cielo, entonces descubrimos un plan y un propósito mayor que cualquier cosa que pudiésemos imaginar.

Yo descubrí esta verdad cuando apenas tenía dieciséis años. Como cualquier adolescente estaba lleno de sueños, ilusiones y de un idealismo acerca de lo que es importante en la vida. Obviamente trataba de ser aceptado y de ir al frente de la carrera en la que competíamos con nuestros amigos, cuya meta era ser un «adulto». Fue bajo esta fantasía que empecé a emborracharme para después fanfarronear de mi «libertad». Tal vez está de más decir que otra de las pistas en donde corríamos nuestra carrera era en la sexual.

En la escuela era muy rebelde. La rebeldía no era el fruto de mi adolescencia, sino de mi confusión por las dificultades que había enfrentado al crecer y por las heridas que estas produjeron en mi corazón. Irónicamente fue esta rebeldía y este vacío lo que me trajo a una nueva tierra, una tierra donde conocí a Jesús como mi Salvador personal. Esta experiencia me llevó más allá de los límites de mi ambiente, de mis heridas, de mi pasado o de mis sueños.

Fue este encuentro con Cristo lo que me motivó a visitar una iglesia cuando desperté un sábado al mediodía cansado del desvelo de la noche anterior. La búsqueda no iba a ser muy difícil, ya que cerca de mi casa había una iglesia. Así que por la noche me dirigí al culto de ese día. Al mirar atrás me doy cuenta de que el Creador del cielo y la tierra no iba a perder la oportunidad de encontrarse con alguien que le buscase.

Al llegar a la capilla me senté en la parte de atrás. Al final del mensaje, la persona que predicó invitó a todos los jóvenes a ir hacia el altar. Cuando pasé al frente, miré con asombro cómo lloraban algunos jóvenes, otros se ponían de rodillas, y otros levantaban las manos. Todo aquello era inusual, pero en mi mente comprendí que de alguna manera estos muchachos estaban siendo tocados por Dios. No sé como llegué a esta conclusión, ya que yo era como un extranjero sin comprender la cultura o el lenguaje bajo el cual se desarrollaba dicho culto.

Al no experimentar lo que los otros jóvenes experimentaban en el altar, regresé a sentarme a la última banca del santuario. Me quedé observando por unos segundos lo que pasaba y en la privacidad de mi mente elevé una pequeña oración a Dios, diciéndole: «Dios, yo no merezco que me toques, quizás porque hago cosas que no te gustan. Creo que no soy como ninguno de estos jóvenes. ¿Podrás perdonarme? ¿Podré ser tu hijo? Señor, si me amas házmelo saber, y si no lo haces porque no debo de estar en la iglesia, te prometo nunca mas regresar».

Al terminar la oración un par de lágrimas rodaron por mis mejillas. De repente sentí que alguien tocó mi hombro y me volví con sumo asombro para saber quien era. Era una señora que lloraba de manera incontrolable. Con el tiempo descubrí que su nombre era Linda. Con su mano sobre mi hombro me dijo: «¡Tú te llamas Martín! Levántate y ven conmigo al altar». Yo estaba aterrorizado. ¿Quién era esta señora? ¿Cómo conocía mi nombre? ¿Por qué me estaba invitando al altar?

Por respeto más que por cualquier otra cosa me dirigí al altar con ella. Allí sus lágrimas corrían con más fuerza, como si el río se hubiera convertido en una catarata. En medio de su llanto me dijo con mucha emoción: «¡No te asustes! Dios me dijo: "Mira ese muchacho que está allá, él se llama Martín. Ve y dile que lo amo, que él es mi hijo, que yo soy su Padre, que le he perdonado y que tengo un plan para él"».

Cuando oí sus palabras algo se rompió dentro de mí. Comencé a llorar, y llorar, y llorar. Dios me había llevado fuera de mis límites para mostrarme su promesa: «Yo soy tu Padre, tú eres mi hijo y tengo un plan para tu vida». Esta verdad ha moldeado, transformado y guiado mi destino. Lógicamente, desde ese entonces he cometido errores. He acertado en un sin número de ocasiones, he pecado, he fracasado, he vencido, he ganado amigos y enemigos. He tenido que volver a empezar, pero nunca he olvidado esa noche.

Esa noche entré a vivir en una nueva tierra por una promesa. La promesa dada por Dios de que Él era mi padre y tenía un plan para mi vida. Esta promesa me ha desligado de los fracasos del pasado, de los errores de mi juventud, ha vuelto mi tierra fértil donde tal vez nunca hubiese soñado ver éxitos. Ese día descubrí que Él siempre tiene un plan de éxito y victoria para nosotros. Él tiene un plan contigo que va más allá de tus limitaciones, tus fracasos o tus circunstancias. Es un plan que busca tu bienestar y quiere llenarte de su bendición. ¿Entendiste bien lo que he dicho? ¡Él tiene un plan con tu vida, y Él no cambia a pesar de que nuestras circunstancias cambien!

Para entrar en una nueva tierra, donde el fruto es tan numeroso como las estrellas del cielo, donde eres llamado a vivir más allá de tus límites, y donde posees el plan que tu Creador ha diseñado para tu vida, al igual que Abram, debes creer en las promesas de Dios. Estas son la tierra en la que debes vivir, edificar, soñar, planear y esperar. Las promesas son los principios y el fundamento bajo los cuales debes basar tu futuro. Abram y Sarai, que eran ancianos y estériles como pareja, se volvieron fértiles aun fuera de tiempo porque creyeron a las promesas. Fue su confianza en lo que se les prometió la llave que abrió la puerta que les permitió salir del terreno de lo imposible a la tierra de lo posible.

Aquellos que nunca han perdido la habilidad de creer son los que han redefinido la historia. Walt Disney, quien creyó en sus sueños, dijo: «Por alguna razón me es difícil creer que existe alguna altura que no pueda ser escalada por una persona que conoce el secreto que vuelve los sueños realidad. Este secreto tan especial puede ser resumido en cuatro «c», que son *curiosidad, confianza, coraje* y *constancia*, siendo la mayor de ellas la confianza. Cuando crees en algo, cree en ello en todo tiempo con todas tus fuerzas, incondicionalmente y sin dudas».

Disney definió *confiar* como creer de tal manera que se

vuelve como la sangre que corre por tus venas. Estoy seguro de que en algún momento has creído en algo y las cosas no se han dado como esperabas, pero la diferencia entre creer en algo y creer en lo que Dios ha prometido en su Palabra es que la Palabra de Dios siempre se cumple. Jesús mismo dice que el cielo y la tierra pasarán pero que sus palabras no pasarán. Lo único que es sólido en este mundo, que no cambia, y que posee una garantía que nunca falla, son las promesas dadas de parte de Dios. No te estoy pidiendo que te llenes de optimismo, te ruego que dejes que la palabra que produjo una nueva tierra en el tercer día de la creación te lleve a una nueva tierra.

Tal vez en estos momentos estés pensado: «¡Lo que pasa es que yo nunca he recibido una promesa de parte de Dios!» El apóstol Pedro dice en la Biblia que: «Su divino poder [de Dios] nos ha concedido todo cuanto concierne a la vida y a la piedad, mediante el verdadero conocimiento de aquel que nos llamó [Jesús] por su gloria y excelencia, *por medio de las cuales nos ha concedido sus preciosas y maravillosas promesas, a fin de que por ellas lleguéis a ser partícipes de la naturaleza divina*» (2 Pedro 1.3-4, LBLA) Todas las promesas que hay en las Sagradas Escrituras son para que por ellas tú recibas el favor divino.

El fruto de esta nueva tierra

¡Dios te ha dado promesas en Jesucristo por medio de las cuales te ha llamado a una nueva tierra! ¿Qué significa esta nueva tierra? La tierra es la promesa dada por Dios de la paz que el mundo no conoce y de que nada te la puede quitar. Es el agua de vida que revive tu alma seca. Es el renuevo de fuerzas que te permiten elevarte a alturas mayores, vislumbrando en dichas alturas mejores horizontes. Es la estabilidad que te hace tan firme como el lugar donde el Señor estableció su gloria, el monte de Sion, donde afirmó su trono haciendo a este monte inmovible, capaz de permanecer para siempre.

Los árboles y sus frutos son el compromiso de Dios de hacerte fructífero. De terminar con tu fin y comenzar con tu inicio. De acabar con tu fracaso y llenarte con sus victorias. De prosperar el trabajo de tus manos y el camino de tus pies. De cambiar tus desiertos, tu terreno pedregoso, tu valle donde solo ciertos frutos germinan por una nueva tierra donde hay árboles de todo género y donde todo lo que siembres dé fruto. Además, en ese fruto hay semillas que son la habilidad de plantar más huertos con más frutos, multiplicando así tus bendiciones.

Las semillas son el símbolo de que los límites que te redujeron a la impotencia y que te sentenciaron a conformarte con el pesimismo han sido removidos. Las semillas son la señal de una abundancia sin límites que se repite de una generación a otra, de un tiempo a otro, de una época a otra, de un país a otro. Las semillas representan una abundancia tan incontable como las estrellas del cielo. Son las preciosas y maravillosas promesas de las que habla Pedro, que te hacen llegar a participar de la naturaleza divina.

Al mostrarle las estrellas del cielo, Dios le estaba dando a Abram una promesa. Una promesa que inició el día en que el Señor le dijo: «Deja tu tierra, tus parientes y la casa de tu padre, y vete a la tierra que te mostraré. Y haré de ti una nación grande, y te bendeciré; y engrandeceré tu nombre, y serás de bendición». Por medio de la promesa Abram vio vida donde no la había porque creyó.

Hoy Dios te está hablando y te está diciendo: «¡Deja tu tierra, tus parientes y la casa de tu padre, y vete a la tierra que te mostraré!» Deja lo que te es familiar, deja la tierra en la que vives, permite que por medio de las promesas que te han sido dadas en Cristo, el Señor, te lleve a una nueva tierra más allá de tus límites, de lo que te es familiar o conocido. Deja que la palabra que separó las aguas y descubrió lo secó creando una nueva tierra te lleve a una nueva tierra. Permite que las promesas cambien tu manera de pensar, de ver y percibir el futuro, no limitándote a las experiencias del pasado o el presente.

Por más de un siglo los suizos dominaron la industria del reloj. En 1968 ellos manejaban el sesenta y cinco por ciento del mercado mundial y el ochenta por ciento de las ganancias. En solo diez años esas cifras se desplomaron. Para 1978, los japoneses dominaban la mayor parte del mercado, mientras que los suizos tenían control solo del diez por ciento de la industria, lo que representó que despidieran 50,000 de los 65,000 obreros que trabajan en sus fábricas de relojes. ¿Qué fue lo que pasó? ¿Qué desequilibró de manera tan drástica la ventaja de un país sobre el otro?

En 1967 los japoneses tuvieron una actitud más abierta que la de los suizos para el cambio. En ese año los ingenieros suizos inventaron el reloj electrónico de quarzo. Los fabricantes suizos rechazaron este nuevo invento porque los nuevos relojes no tenían engranajes ni resortes. En esencia, no eran hechos de la manera tradicional en que debían ser hechos los relojes. Los suizos estaban tan seguros de que los nuevos relojes no se venderían que ni se preocuparon por proteger su invento.

Por ende, lo mostraron en el Congreso Anual de Relojes en 1967. Los japoneses, que tenían una actitud más abierta para el cambio, vieron una gran oportunidad en un reloj que era mil veces más preciso que los relojes convencionales, por lo que crecieron de dominar el diez por ciento de la industria mundial del reloj a dominar todo el mercado en menos de una década. Para entrar en una nueva tierra, siempre se debe dejar lo que es familiar, lo conocido, de lo que estamos seguros, para ir hacia la tierra que nos muestran las promesas cuyo fruto es: «Haré de ti una nación grande, y te bendeciré; y engrandeceré tu nombre, y serás de bendición».

Abram y Sarai, que eran estériles, tuvieron a una edad muy avanzada un hijo de nombre Isaac, quien ha llegado a ser conocido como el hijo de la promesa, y de quien ha salido una nación grande de personas que ven sus circunstancias cambiadas por estas promesas. Los nombres de esta pareja fueron cambiados de Abram a Abraham, porque fue puesto por padre de muchedumbre de gentes y multiplicado en gran manera, y de Sarai a Sara, porque fue bendecida, llegó a ser madre de naciones, y reyes de pueblos salieron de ella.

Cuando aceptas dejar lo que te es familiar para extenderte a poseer el destino, el valor, los principios, la definición de la vida que está en las promesas de Dios, entonces el nombre que ha definido tus circunstancias es cambiado para que represente lo que el Señor ha definido cuando prometió que todas las cosas ayudarían para bien a todos aquellos que escuchen su llamado de vivir bajo sus propósitos. En sus promesas existe la redefinición de tu matrimonio, de tus finanzas, de tus fracasos, de tus hijos, de los desiertos de soledad y frustración que enfrentas. Un hombre desesperado por la vida de su hijo, que desde niño sufría bajo la influencia de un espíritu que atormentaba al muchacho y buscaba matarlo ahogándolo en el agua o quemándolo en el fuego, se acercó a Cristo y le dijo: «Si puedes hacer algo, ten misericordia de nosotros, y ayúdanos». Jesús le contestó inmediatamente: «Si puedes creer, al que cree todo le es posible».

Si puedes creer, sus promesas han sido dadas para anunciar buenas nuevas a los pobres, para sanar los corazones heridos, para proclamar liberación a los cautivos y libertad a los prisioneros, para consolar a todos los que están de duelo y para confortar a los dolientes. Para darles una corona en vez de cenizas, aceite de alegría en vez de luto, traje de fiesta en vez de espíritu de desaliento. Para llamarles robles de justicia, plantío del Señor, para mostrar su gloria. Y por medio de las promesas reconstruir las ruinas antiguas y restaurar los escombros de antaño de muchas generaciones.

5

Un nuevo orden

Dijo luego Dios: Haya lumbreras en la expansión de los cielos para separar el día de la noche; y sirvan de señales para las estaciones, para días y años, y sean por lumbreras en la expansión de los cielos para alumbrar sobre la tierra. Y fue así. E hizo Dios las dos grandes lumbreras; la lumbrera mayor para que señorease en el día, y la lumbrera menor para que señorease en la noche; hizo también las estrellas. Y las puso Dios en la expansión de los cielos para alumbrar sobre la tierra, y para señorear en el día y en la noche, y para separar la luz de las tinieblas. Y vio Dios que era bueno. Y fue la tarde y la mañana el día cuarto.

—⁓ Génesis 1.14-19

En los primeros tres días de la creación, Dios entró por medio de su Espíritu en las tinieblas, el desorden y el vacío de la tierra para crear un nuevo principio, un nuevo día y una nueva tierra. En el cuarto día estableció el sol, la luna y las estrellas para que separasen y señoreasen en el día y en la noche. El Señor instauró un nuevo orden en la tierra al establecer estrellas y lumbreras en la expansión de los cielos. Con este nuevo orden Dios buscaba garantizar que lo que había hecho en los primeros tres días no fuese en vano, sino que produjese el bien deseado.

¿Cuántas veces al experimentar un alivio en los problemas que enfrentamos, o las cargas que llevamos, no hemos luchado con la zozobra de temer que esa esperanza sea pasajera? Es este sentir el que se refleja en aquel popular dicho que dice: «Era demasiado bueno para ser cierto». ¿Cuando parece que las cosas en tu hogar empiezan a mejorarse, vives con la inseguridad de creer que pronto despertarás de ese sueño para volver a tu pesadilla?

A un empleado que estaba teniendo dificultades en su trabajo por un largo período de tiempo, un día su supervisor le anunció que dentro de treinta días sería su último día de trabajo con la compañía, en otras palabras, lo habían despedido. Cuando un amigo le pregunta que cómo estaba haciendo para manejar la presión de saber que pronto se quedaría sin empleo, contestó: «La verdad es que yo solía venir cada día al trabajo con la incertidumbre de no saber si tenía un puesto, ahora por lo menos sé que tengo un empleo por treinta días más».

Cuantas veces al avanzar deseamos seguridad sobre qué esperar y la certeza de que seguiremos avanzando sin tener que retroceder. ¿Es esta seguridad la que busca un alcohólico o drogadicto después del primer día que ha pasado sin drogarse o emborracharse? ¿Es esta certeza de que nunca más será presa del resentimiento u odio que ha brotado de las heridas que le han gobernando por años la que desea el que perdona? En el cuarto día de la creación Dios establece un nuevo orden regido por leyes que eran el sello divino que garantizaban que lo que se sembrara eso se cosecharía.

Bajo estas leyes naturales el sol sería el señor del día y la luna de la noche. De esta manera separó el día de la noche y estableció señales para las estaciones del año. ¿Te podrías imaginar el caos, las tinieblas y el vacío que dominarían la tierra y nuestra vida si no existieran estas leyes? A raíz de que entendió la necesidad de que existiesen leyes que trajeran orden, Aristóteles, el gran filósofo griego, dijo: «La ley representa orden, y la buena ley representa un buen orden». Permíteme darte unos ejemplos para que entiendas lo que estoy diciendo.

Imagínate lo imposible que sería para un agricultor cultivar la tierra sin saber cuándo llega el invierno, la primavera o el otoño, o en qué época esperar la lluvia; y el impacto que esto tendría sobre todo el mundo. Incluso hay ocasiones en que miles de personas han muerto de hambre en ciertos países porque la lluvia no llegó a su tiempo, alterando así el orden esperado y por ende echando a perder la cosecha de ese año. ¿Cuántas veces se han echado a perder cosechas en nuestra vida porque se alteró el orden natural de nuestra relación matrimonial, con nuestros hijos, laboral o de otra índole?

Lo mismo se puede decir sobre otras cosas como la gravedad.

Una persona puede pretender que la ley de gravedad no existe, pero si se tira de un abismo muy pronto se dará cuenta del precio que se paga cuando se ignora dicha ley. El éxito del desarrollo científico y tecnológico que disfrutamos hoy en día se debe a que hombres y mujeres han sabido aplicar las leyes naturales creadas en el cuarto día de la creación, produciendo grandes beneficios en el área de la medicina, la agricultura, la ingeniería, etc.

La pregunta lógica que debe surgir de este entendimiento sobre el cuarto día es: ¿Si en la naturaleza es necesario conocer las leyes que rigen el orden de lo físico para beneficiarse de su aplicación, será necesario hacer lo mismo en otras áreas de la vida? ¿Si el sol, la luna y las estrellas establecen un orden en la tierra regido por leyes que al aplicarlas y respetarlas, también mejoran la calidad de vida del planeta y del ambiente que nos rodea, entonces se podrá concluir que existen mandamientos que si los guardamos garantizarán el éxito de nuestras finanzas, matrimonio, hijos o estado de animo?

Toda la vida del planeta y de sus habitantes fue diseñada para beneficiarse del nuevo orden que fue establecido en el Génesis. A veces no aprovechamos la oportunidad de tener un nuevo principio, un nuevo día y una nueva tierra de promesas porque no hemos aceptado un nuevo orden en nuestra vida. Las crisis, los vacíos y las tinieblas que hemos enfrentado muchas veces son el resultado del desorden de nuestro estilo de vida que es dictaminado por nuestros valores y principios. Todo éxito o victoria, para que perdure, requerirá que te desligues de algo que has valorado y que aceptes nuevos principios y leyes que te llevarán a otro nivel en donde debes ordenar tus caminos y pensamientos de una forma nueva.

Un nuevo orden

El desorden se enmienda trayendo un nuevo orden

Hay cosas que en sí mismas aparte de alterar nuestro estilo de vida, requieren que nos ajustemos a un nuevo orden para beneficiarnos de su impacto y no deteriorar nuestra calidad de vida. Tal es el caso del nacimiento de un hijo. A pesar de ser algo que trae mucha alegría a la familia, también la lleva a un nuevo nivel. Por lo general, todo el embarazo es un viaje de mucha expectativa desde el primer momento que uno confirma que en verdad hay un embarazo. Las visitas al doctor, el primer movimiento del bebé en el vientre, la primera ropa que se le compra, o el lugar donde va a dormir una vez que nazca. Asimismo abundan los consejos y advertencias de familiares y amigos en cuanto a cómo criar los niños y cómo estos afectan la vida de la pareja.

A pesar de comprender que un bebé cambiaría nuestra vida, no estábamos preparados para el impacto que produjo nuestra primera hija. Después del parto, cuando salíamos del hospital, le preguntamos a una enfermera cuál era la temperatura normal en que debía estar la niña. La enfermera creía que hablábamos de la temperatura del cuerpo, por lo que nos dijo que debía ser 36 grados centígrados, pero nosotros preguntábamos sobre la temperatura ambiente de la habitación en que iba a estar. Así que ya puedes imaginarte el calor tan insoportable que había en nuestra casa en esos primeros días. ¡Casi deshidratamos a nuestra pobre hija!

Durante este tiempo, unos amigos nos invitaron a su casa para poder ver a la recién nacida. Mientras conversábamos en su sala, nos preguntaron como nos habíamos ajustado al cambio. Al contestar, expresamos nuestra frustración por lo difícil que era poder disfrutar de cualquier actividad con un bebé recién nacido.

La dificultad se debía a que nuestra hija cada vez que comía lo hacía por media hora, luego había que sacarle los gases por otra media hora (por nuestra falta de experiencia en cómo hacerlo), y cuando apenas habían pasado diez minutos de haber terminado este proceso, empezaba a llorar porque quería más comida.

¡Era una pesadilla! Lo peor era que en las madrugadas se levantaba dos o tres veces y nadie en la casa podía dormir. Desde que había nacido no habíamos dormido tres o cuatro horas seguidas en la noche. Y durante el día, nuestra vida giraba alrededor de cambiar pañales y alimentar a una bebé. Era imposible estar en paz en un restaurante, en las tiendas, o en cualquier otro lugar donde fuésemos. Aún en la casa a veces mi esposa y yo no podíamos descansar. Ya que nuestros amigos eran abuelos, nosotros le preguntamos con un poco de ansiedad: «¿Cuándo se normaliza la vida?»

Con una gran sonrisa en sus labios nos contestaron: «Su problema es que no han establecido un orden en la vida de su hija, pónganla en un horario y ustedes van a empezar a dormir en la noche, y durante el día van a poder establecer una rutina que les facilitará la posibilidad de hacer otras cosas y de manejar su tiempo mejor». Luego nos explicaron que había dos corrientes primordiales en cuanto a la manera en que uno debía de formar a los recién nacidos.

Una de ellas era dejar que el bebé durmiera, comiera, y lo atendiéramos cuando él quisiera, básicamente eso era lo que nosotros hacíamos. La otra enseñaba que uno podía establecer un orden en la rutina del bebé. En otras palabras, de acuerdo a la edad podíamos darle de comer cada dos o tres horas, escoger momentos en los que la dejábamos en la cuna, en los que pasaba tiempo con nosotros, y aun a qué hora se iba a dormir por las noches. Esta era la primera vez que oíamos que las horas de un bebé podían ser ordenadas en forma de una rutina.

No estábamos muy convencidos de que esta era la solución ideal. Además del hecho de que sentíamos inseguridad con respecto al horario, tendríamos que sacar fuerzas de debilidad al ver a nuestra hija llorar por hambre si decidía no comer en una hora establecida, ya que había que esperar hasta que llegara el próximo tiempo estipulado para darle otra vez de comer, según el orden de la rutina. A pesar de ello, decidimos probar el consejo de nuestros amigos por dos o tres días, debido a la desesperación que teníamos de salir de esa «crisis».

¡Los resultados fueron casi inmediatos! Después del tercer día de estar en este nuevo orden, nuestra bebé comía a las once de la noche y no se despertaba sino hasta las seis de la mañana del siguiente día. ¡Era un milagro! Durante el día, se volvió fácil programar actividades al saber cuál era la rutina que debía seguir la niña. ¡La aplicación de unos simples principios que produjeron un horario trajo mucho orden! Sin sacrificar nuestra calidad de vida disfrutábamos cada paso del crecimiento de nuestra hija. Y cuando nació nuestro hijo varón, quince meses después, fue adaptado a un horario desde el primer día de nacido. (Después de nuestro segundo hijo, aprendimos cómo se concebían los niños y nos quedamos con dos.)

A veces, la razón del porqué enfrentamos desorden, tinieblas o vacío en nuestra vida se debe a que hemos pasado por alto, consciente o inconscientemente en principios que nos ayudan a vivir en un nivel mayor, que en la mayoría de los casos son contrarios a valores que hemos tenido en alta estima. Algunas veces la raíz de nuestros problemas económicos no está en el hecho de que no ganamos lo suficiente o de que tenemos un trabajo mal pagado, sino en que no administramos nuestras finanzas de una manera ordenada y disciplinada. Por ende, gastamos más de lo que recibimos, lo que nos lleva a endeudarnos y finalmente a incumplir parte o todas nuestras obligaciones, trayendo descrédito o vergüenza a nuestra vida. Otras veces por un sistema de valores erróneos, gastamos arrebatadamente en lujos que no pueden ser cubiertos de una manera sana por nuestro presupuesto.

Cuando un hombre y una mujer se unen para formar un hogar, por lo general en la base de su unión existe amor, además de que han experimentado afinidad y entendimiento en cuanto a sus valores, sueños y planes. En algunos casos hasta se han hecho sacrificios para poder estar juntos. Cuando esa misma pareja llega a tener un conflicto y busca ayuda externa para solucionarlo, es interesante observar que en muchas ocasiones siguen existiendo el amor, los sueños, el deseo de vivir en armonía y de buscar el bien del otro. La materia prima que les unió como pareja sigue existiendo en sus corazones, entonces, ¿cuál es el problema?

Vagamente voy a decir que la pareja tiene que entrar a un nuevo nivel. Que toda solución siempre necesitará la aplicación de una nueva ley que impondrá un nuevo orden. Quizás deben mejorar su comunicación, aprender a juzgar sus palabras por lo que hay en su corazón, a perdonarse, o a caminar en unidad recordando que sus vidas están ligadas. Sea cual sea la decisión que tomen pretendiendo resolver la crisis, va a requerir que ambos abandonen su vieja manera de ser, de reaccionar, de pensar y de vivir, para adoptar una nueva.

Esta nueva manera de vivir podrá prevalecer y beneficiar al hogar si aceptan un cambio en lo que es usual, para someterse a un nuevo orden en el que tendrán que abrazar nuevos conceptos que guíen sus pasos como si fueran ley. Sin una nueva manera de vivir, dicha pareja se hundiría en el fracaso o la incapacidad de restaurar su relación, porque en parte la crisis que los envuelve se debe a algo que reina en ellos y que les enfrenta.

Tal es el caso del perdón, muchos hogares han fracasado por no aplicar este principio a su relación. Otros han tropezado por no aceptar la responsabilidad de comunicarse de una manera clara y aceptable entre los dos, o someterse mutuamente, o vivir una vida trasparente. Aún cuando no llamamos a estos principios leyes, en realidad lo son. Una ley no es opcional. Si se quiebra, el infractor se verá limitado por el resultado de su trasgresión. Hablando específicamente sobre el perdón, este es opcional en el sentido de que cada uno de nosotros puede decidir si perdona o se resiente, y en el peor de los casos si se venga. Lo que no es opcional es el fruto que brota a raíz de la falta de perdón o de extender el perdón.

Es en este sentido que el perdón es una ley. Cuando se aplica, es el antídoto que aniquila toda posibilidad de que brote una infección destructiva en el corazón del que fue herido. De otro modo, cuando no hay perdón, el resultado siempre será nefasto en la vida del herido y del que hirió. Para que el amor de una pareja sea más fuerte que la muerte, cada uno debe aprender a perdonar al otro cuando se ha fallado, o aun cuando una reconciliación sea imposible por el bien de su alma. El perdón es el abono que necesitan las semillas de amor para seguir brotando y creciendo, y la falta de perdón es como la maleza que asfixia todo lo que crece. Hay hogares que se desintegran por dejar de perdonarse, no por dejar de amarse.

En el cuarto día de la creación no fue establecido solo un orden astronómico, biológico, químico o físico, sino también espiritual, relacional y moral. Todo aquel que aplique las leyes que rigen este nuevo orden podrá maximizar el hecho de tener un nuevo inicio, un nuevo día y una nueva tierra. Cuando el orden o las leyes bajo las cuales se rige la tierra son quebrantadas o pasadas por alto, entonces se deteriora el orden natural en que operan las cosas, degenerando la calidad de vida y el estado original tan bueno en que fue creado todo.

Volver a empezar

Este es el caso de la apertura en la capa de ozono, que además de exponernos a enfermedades en la piel está modificando gradualmente la temperatura ambiental de todo el planeta, poniendo en riesgo mucho de nuestro ecosistema y de nuestra vida. Este nuevo orden y las leyes que lo rigen crean un ambiente ideal que se convierte en el vivero que garantiza el éxito de tener la oportunidad de volver a empezar. Al igual que lo hizo con la creación, es el deseo de nuestro Creador garantizar los beneficios del porqué te ha dado un nuevo inicio, cambiando así la historia de tus días pasados por un nuevo día, en donde puedes habitar en una nueva tierra llena de las bendiciones que están en sus promesas.

Al instituirse un nuevo orden, se establecieron leyes que gobernarían la vida y el fruto de la tierra. Estas leyes no existen para oprimir nuestro éxito, sino para avanzarlo y desarrollarlo a plenitud. El propósito de estos mandamientos es que sepamos el fin antes de iniciar. Los principios y los decretos que Dios ha establecido son el único fundamento o la única garantía de que al final del camino en que andamos encontraremos el bien deseado. Sus leyes son el lugar de refugio donde podemos ampararnos en medio de la injusticia, la adversidad, los temores o complejos que nos asedian, teniendo la certeza de que si sembramos conforme a su palabra prosperaremos en todo lo que hagamos y emprendamos, a pesar de las vicisitudes que vengan.

Los mandamientos de Dios son la base que garantiza nuestro éxito

Es esta certeza la que un hombre anciano, que quedaría en la historia como el sabio más grande que ha existido entre los hombres de la tierra, deseaba transmitir a su hijo. Su vida en términos humanos había sido espectacular. En sus últimos días escribió una carta a su hijo Roboam, quien heredaría su trono, sobre el que había gobernado a Israel por cuarenta años. En dicho escrito Salomón buscaba inmortalizar el consejo que garantizaría el bien de su heredero. Durante su vida se convirtió en el hombre más poderoso de la tierra. Al final de sus días, hizo un inventario de sus caminos para determinar y transmitir lo que es importante.

Su carta se conoce en la Biblia bajo el nombre de Eclesiastés, libro en el que se encierra el consejo de un padre hacia su hijo. Por medio de dicho consejo, el padre pretende que el hijo entienda lo que es verdaderamente importante para garantizar el éxito. Esto es algo que todos deseamos saber. ¿Qué es lo que descubres cuando haces un inventario de tus caminos? ¿Qué es importante en la vida? ¿Cuál es la llave que siempre abre la puerta del bienestar? ¿Cuáles son los principios o fundamentos que nunca serán removidos y sobre los cuales todo lo que se edifique permanecerá? ¿Qué puede garantizar el resultado final de tus decisiones?

Todos en algún momento nos hemos hecho estas preguntas. Lo que es aun más importante que las interrogantes son las respuestas que todos deseamos saber para aplicarlas en nuestros caminos. Cada uno de nosotros desea tener la seguridad de que lo que construye no va a ser desbaratado por nada. Es esta garantía la que busca dejar Salomón a Roboam, quien estaba de cara a un nuevo principio, un nuevo día, quien viviría en una nueva tierra en la que pasaría de ser príncipe a rey.

¿Te imaginas todos las recomendaciones que el gran rey Salomón pudo haber aconsejado? ¿Cuántas cosas habrá deseado saber el príncipe Roboam? ¿Qué le preguntarías tú al hombre más sabio de la tierra? Tal vez Roboam deseaba saber cómo ser un gran rey, o cómo enriquecerse aún más. Quizás deseaba saber cómo mantener y aumentar el poder, o cómo ganar batallas, cómo vencer a sus enemigos internos y escoger y mantener a sus amigos.

VOLVER A EMPEZAR

A pesar de que no se revela el deseo de Roboam, Salomón descubrió el telón sobre sus pensamientos e intenciones para hablar a su hijo sobre sus victorias y fracasos, con el objetivo de explicarle el propósito y fin de la vida. En este ambiente le da el verdadero secreto que garantiza todo éxito diciéndole:

> *El fin de todo el discurso oído es este: Teme a Dios, y guarda sus mandamientos; porque esto es el todo del hombre. Porque Dios traerá toda obra a juicio, juntamente con toda cosa encubierta, sea buena o sea mala.*
> — Eclesiastés 12.13-14

La solidez del éxito, de la victoria, de la paz, de la habilidad de poder capitalizar o aprovechar la oportunidad de tener un nuevo principio, un nuevo día y una nueva tierra, está más en la manera en que ordenas y gobiernas tu propio corazón que en lo que emprendes, posees y adquieres. No pretendo decir que no es importante saber escoger una profesión, un compañero de hogar, un empleo, amigos, o saber invertir el dinero que hemos ahorrado. Por cierto, Roboam empezaría su reino con el ejército más poderoso de su tiempo, el reino más rico y el país más sólido que existía en ese entonces, pero aun esto no era garantía de que iba a triunfar.

Este joven se iniciaba con una ventaja que muchos soñaríamos con alcanzar en algún momento de nuestra vida. Pero Salomón sabía por experiencia propia que el rico al igual que el pobre, el amo y el siervo, el hombre y la mujer, el anciano y el niño, todos estamos sujetos a las leyes de la siembra y de la cosecha. Estas leyes o principios son los mandamientos de Dios. Si sembramos conforme a su ley, segaremos con éxito. Lo que cosechemos será para nuestro bienestar y no será desparramado en manos extrañas. Por las leyes que instituyó nuestro Señor en el cuarto día de la creación, podemos beneficiarnos plenamente del fin de nuestros caminos.

Todo lo que el hombre siembre, eso también va a cosechar. Tristemente, el rey Salomón descubrió esta verdad ignorándola. Cuarenta años antes, David, el padre de Salomón y quien también fue rey, cuando llegaron los días en que iba a morir y el momento de pasarle el trono al que en ese entonces era el príncipe Salomón, le dio un consejo similar diciéndole:

> «Según el destino que a todos nos espera, pronto partiré de este mundo. ¡Cobra ánimo y pórtate como hombre! Cumple los mandatos del Señor tu Dios; sigue sus sendas y obedece sus decretos, mandamientos, leyes y preceptos, los cuales están escritos en la ley de Moisés. Así prosperarás en todo lo que hagas y por dondequiera que vayas».
>
> — *2 Reyes 2.2-3, NVI*

Salomón inició su reino obedeciendo el consejo de su padre David. Por cierto que fue esta la razón por la que recibió tanta sabiduría, poder, riquezas y fama. Cuando era un joven amó a Dios tanto que buscaba en todos sus caminos honrar la ley de Moisés, a la vez que apartaba tiempo para adorarle. Un día, al terminar de sacrificar mil holocaustos en adoración, el Señor se le apareció y le dijo: «Pide lo que quieras que yo te dé». El joven rey pidió sabiduría para decidir lo bueno y lo malo, y así poder juzgar al pueblo de Israel conforme a la voluntad de Dios.

En la petición de este hombre se ve que procuraba en todas las cosas gobernar su vida de tal manera que sus caminos fuesen conforme al orden establecido en los principios de las Sagradas Escrituras. Fue esta decisión el fundamento que le permitió vencer a sus adversarios y consolidar su reino, extender el territorio de influencia de su trono, edificar el templo de

Jerusalén, y establecer una época gloriosa para su pueblo. Al hablar de obedecer los mandamientos de Dios, no me refiero a ser un religioso o un fanático, sino a ordenar tu hogar, tu vida emocional y económica, tus fuerzas, tus pasatiempos y todos tus caminos en armonía con lo que es puro, limpio, de buen nombre y que estima lo que Dios ha establecido.

La carrera y la vida de este rey experimentaban cada día mayores triunfos y bendiciones. Él llegó a estar en la cima del éxito. En medio de tantos logros y victorias, considerar la posibilidad de que este hombre fracasaría o perdería lo que tenía era absurdo. ¿Cuántos no desearíamos tener esta garantía sobre nuestros caminos y logros? En esta época en la que el divorcio se ha vuelto tan común, todos deseamos la seguridad de que nosotros no seamos víctimas de una separación o de un fracaso matrimonial. Al empezar una nueva carrera, cambiar de trabajo o abrir un negocio, qué hermoso sería tener la certeza de que este nuevo inicio irá de éxito en éxito, y de que cualquier posibilidad de fracasar es tan remota como el oriente lo está del occidente.

En el caso de Salomón, él tenía esta certeza. Sus días y sus caminos estaban garantizados. Lo único que podía cambiar la trayectoria que llevaba era un cambio en la ley que gobernaba su propio corazón. El secreto del bienestar de su reino, o del derecho que se te ha dado a ti de reinar en tus caminos, reside en la ley que gobierna tu ser interior y que ordena las decisiones que tomas. De manera desastrosa, Salomón cayó en el error que todos hemos cometido de creer que estamos sujetos a la autoridad de la ley que reside en nuestros pensamientos, deseos, anhelos y fuerzas, y no a ninguna otra autoridad. Es por esta razón que desvía su vista de la ley celestial para ponerla en su propia ley, creyendo que podía sembrar como quisiera y cosechar lo que deseará. La Biblia relata este momento de la siguiente manera:

> *Ahora bien, además de casarse con la hija del faraón, el rey Salomón tuvo amoríos con muchas mujeres moabitas, amonitas, edomitas, sidonias e hititas, todas ellas mujeres extranjeras, que procedían de naciones de las cuales el Señor había dicho a los israelitas: «No se unan a ellas, ni ellas a ustedes, porque de seguro les desviarán el corazón para que sigan a otros dioses». Con tales mujeres se unió Salomón y tuvo amoríos. Tuvo setecientas esposas que eran princesas, y trescientas concubinas; todas estas mujeres hicieron que se pervirtiera su corazón.*
>
> —*1 Reyes 11.1-3, NVI*

El fruto de su siembra, de su decisión, fue que las muchas mujeres pervirtieron su corazón. Por perversión entiéndase que el rey perturbó o alteró el estado natural de las cosas. El estado natural u orden de los caminos de los hombres es lo que el Creador estableció en el cuarto día del Génesis. Desde este punto en adelante, la ley que gobernó el camino de este hombre sabio fue no negar a sus ojos ninguna cosa que desearan, ni apartar su corazón de placer alguno el resto de sus días. Era un hombre amador de sí mismo, que «sinceramente» buscaba encontrar el bienestar en lo que hacía. ¿Acaso no es esto lo que todos buscamos?

Como producto de esta ley llegó a tener mil mujeres formando su propio harén. También concluyó que por medio del vino o el alcohol podía llevar alegría a su corazón, por lo que llegó a emborracharse todos los días de su vida. Cuando esto dejó de satisfacer su corazón, consideró que lo que necesitaba era tener tierras y edificar grandes edificios para sí mismo. Así fue como construyó grandes obras, que incluían casas, huertos y jardines, en donde plantó toda clase de árboles frutales que existían. Estos jardines eran tan grandes que para regarlos tuvo que construir acueductos. Salomón no se conformó con su enorme riqueza, por lo que despojó a otros reyes y provincias de sus tesoros, oro y plata para amontonarlos para él.

Era tal su poder que nada de lo que deseaba le era imposible de poseer. Todo lo que quiso lo tuvo. Además de todo lo anterior, se hizo de esclavos y esclavas; y tuvo criados. Luego, para salir de la rutina, organizo fiestas, para las que armó un grupo musical de cantores, cantoras y músicos con todo tipo de instrumentos que existía bajo el sol. ¿Te imaginas las fiestas que hacía este hombre? Disfrutó de todo deleite que existía bajo el cielo. Adoró a dioses que promovían la sensualidad, la vida y el poder, como Moloc y Astarté.

Además de todo lo anterior, adquirió mucho más ganado vacuno y lanar que todos los que le precedieron en Jerusalén. La provisión diaria de este rey para comer consistía en diez bueyes engordados, veinte de pastoreo, y cien ovejas, así como ciervos, gacelas, corzos y aves de corral. En un año, en la casa del rey se comían 3,650 bueyes engordados; 36,500 ovejas y 7,300 bueyes de pasto sin contar los demás animales y otros alimentos. Lo que este hombre necesitaba para alimentarse en 365 días sería la envidia de los más ricos ganaderos de hoy en día. ¡Qué abundancia de riqueza, placeres, poder y gloria la que tuvo este rey!

¿Cómo evaluarías su vida? ¿Cómo definirías sus logros? Sin duda alguna, que aun en términos modernos este hombre sería catalogado como un éxito y un triunfador. Este inventario de la vida de Salomón fue hecho en gran parte por él mismo en la carta que escribió a su hijo. El padre de Roboam disfrutó del sexo, de relaciones sentimentales, experimentó con religiones, tuvo riquezas, construyó lo que deseaba, tuvo poder tan grande que obtenía lo que quería, y todo esto lo hizo olvidándose de los mandamientos de Dios.

¿Acaso no es este el fin del hombre? Conseguir lo que quiere, disfrutar de lo que anhela, construir lo que sueña y gozar de lo que desea? ¿No es esto lo que definimos como éxito o lo que todos buscamos? ¿Cómo crees que evaluó el hombre más sabio de la humanidad su vida y sus logros? En el consejo que da a su hijo, buscando de alguna manera prevenir que el joven príncipe cayese en el error que él cayó al ignorar lo que el Señor había establecido, le dice:

> *Me engrandecí en gran manera, más que todos los que me precedieron en Jerusalén; además, la sabiduría permanecía conmigo. No le negué a mis ojos ningún deseo, ni a mi corazón privé de placer alguno, sino que disfruté de todos mis afanes. ¡eso saqué de tanto afanarme! Consideré luego todas mis obras y el trabajo que me había costado realizarlas, y vi que todo era absurdo, un correr tras el viento, y que ningún provecho se saca en esta vida.*
>
> — *Eclesiastés 2.9-11, NVI*

Escucha bien cómo evalúa su vida: ¡Consideré luego todas mis obras y el trabajo que me había costado realizarlas, y vi que todo era absurdo, un correr tras el viento, y que ningún provecho se saca en esta vida! Al llegar casi al fin de su existencia, habiendo alcanzado todo lo que deseaba, probando todo placer que quería, alcanzando todo éxito imaginable, este hombre concluyó que David su padre tenía razón. El fin del hombre es temer a Dios y guardar sus mandamientos. Claro que se puede vivir bajo la ley de nuestros propios deseos, placeres y metas, creyendo que estamos sujetos a la ley de nuestros pensamientos y razonamientos, pero al final del camino, cuando llega el tiempo de cosechar lo que hemos sembrado, esta ley no será la garantía que asegura tu éxito a pesar de lo que logres.

Quizás alcances poder, riquezas, esclavos que por tu influencia o riquezas hagan lo que quieras, fiestas que sean la envidia de tus amigos, placeres que puedas hallar en mil mujeres, pero todo esto no garantizará que cuando veas lo que has hecho y coseches lo que has sembrado, encuentres el verdadero éxito, triunfo y placer de la vida. Es en el cuarto día de la creación que fue establecido un orden, una ley bajo la cual está garantizada nuestra bendición. Lo que cosechas se vuelve tu sustento y satisfacción cuando edificas sobre esta ley. Obviamente, cada uno de nosotros debe escoger bajo cuál ley vive y cómo ordena sus caminos. Es por ello que el rey le dice a su hijo:

> *Alégrate, joven, en tu juventud, y tome placer tu corazón en los días de tu adolescencia; y anda en los caminos de tu corazón y en la vista de tus ojos; pero sabe, que sobre todas estas cosas te juzgará Dios.*
> — Eclesiastés 11.9

El éxito de nuestros caminos está ligado más que con los logros obtenidos, con el hecho de decidir cuál ley ordenará nuestras sendas. Es aún más trascendental que esta ley será lo que garantizará nuestro futuro. Salomón define que su vida fue en vano; para la historia no lo fue. Para los que definen qué es el éxito, tampoco; pero para él, sus logros no tuvieron valor, fueron faltos de realidad y sustancia, huecos, vacíos y sin solidez. Cuando ordenas tu vida conforme a los mandatos de tu Creador, entonces puedes tener la certeza de que al construir tu destino, al empezar tu senda, al evaluar el inventario de tu vida, no concluirás que el alcanzar el deseo de tu corazón y los sueños de tus pensamientos ha sido en vano.

Las semillas de la ley divina tienen la genética del verdadero triunfo

Un día después de haber disertado en una conferencia de jóvenes, mientras iba con mi padre de regreso a casa, hablábamos sobre la solidez que existe en ordenar nuestros caminos conforme a lo que Dios ha establecido. No solamente el Señor desea nuestro bienestar, sino que ha establecido las leyes necesarias para que sometiéndonos al orden que hay en ellas podamos aprovechar al máximo la oportunidad de volver a empezar. Mi padre me ilustró cómo nada puede borrar e invalidar la genética detrás de lo que ha sido establecido por el Creador relatándome una historia sobre un hallazgo arqueológico que se hizo a finales del siglo diecinueve. En dicha época, un viajero inglés de nombre Wilkinson envió al museo Británico un jarrón hermético que encontró en una fosa de una pirámide egipcia.

La persona que recibió el jarrón lo quebró accidentalmente, lo que le permitió descubrir que dentro de la vasija se encontraban unas semillas de trigo y una o dos semillas de chícharos, que estaban tan duras como una piedra. Los chícharos fueron sembrados cuidadosamente bajo una vitrina el cuatro de junio de 1844. Después de un mes estos granos empezaron a brotar, produciendo así vida. Las semillas estuvieron en el jarrón por más de tres mil años, quizás desde la época de Moisés. Todo ese tiempo estuvieron aparentemente muertas, pero en realidad en su genética existía todo lo necesario para producir vida a pesar del polvo de la tumba y del paso de los siglos. Todo lo que se necesitaba hacer era sembrarlas.

Los mandamientos de Dios son principios o semillas en los que se encuentran la seguridad de la abundancia, la solidez y la certeza de nuestro éxito. Permite que estas leyes establezcan un nuevo orden en tus caminos, que sean el vivero en donde inicias lo que deseas, edificas lo que planeas, y siembras lo que cosechas. Es en el orden de lo establecido en el cuarto día de la creación que se encuentra el mapa que te garantiza que irás de triunfo en triunfo, de victoria en victoria, aun llegando al grado de permitirte la oportunidad de capitalizar sobre tus aparentes fracasos. Al volver a empezar en un nuevo principio, un nuevo día y con una nueva tierra, considera la ley que ordenará tus caminos y recuerda que Jesús dice: «Si permanecéis en mí, y mis palabras permanecen en vosotros, pedid todo lo que queréis, y os será hecho».

6

Un nuevo dominio

Dijo Dios: Produzcan las aguas seres vivientes, y aves que vuelen sobre la tierra, en la abierta expansión de los cielos. Y creó Dios los grandes monstruos marinos, y todo ser viviente que se mueve, que las aguas produjeron según su género, y toda ave alada según su especie. Y vio Dios que era bueno. Y Dios los bendijo, diciendo: Fructificad y multiplicaos, y llenad las aguas en los mares, y multiplíquense las aves en la tierra. Y fue la tarde y la mañana el día quinto. Luego dijo Dios: Produzca la tierra seres vivientes según su género, bestias y serpientes y animales de la tierra según su especie. Y fue así. E hizo Dios animales de la tierra según su género, y ganado según su género, y todo animal que se arrastra sobre la tierra según su especie. Y vio Dios que era bueno. Entonces dijo Dios: Hagamos al hombre a nuestra imagen, conforme a nuestra semejanza; y señoree en los peces del mar, en las aves de los cielos, en las bestias, en toda la tierra, y en todo animal que se arrastra sobre la tierra. Y creó Dios al hombre a su imagen, a imagen de Dios lo creó; varón y hembra los creó. Y los bendijo Dios, y les dijo: Fructificad y multiplicaos; llenad la tierra, y sojuzgadla, y señoread en los peces del mar, en las aves de los cielos, y en todas las bestias que se mueven sobre la tierra Y dijo Dios: He aquí que os he dado toda planta que da semilla, que está sobre toda la tierra, y todo árbol en que hay fruto y que da semilla; os serán para comer. Y a toda bestia de la tierra, y a todas las aves de los cielos, y a todo lo que se arrastra sobre la tierra, en que hay vida, toda planta verde les será para comer. Y fue así. Y vio Dios todo lo que había hecho, y he aquí que era bueno en gran manera. Y fue la tarde y la mañana el día sexto.

— Génesis 1.20-31

Un día, mientras leía un libro de anécdotas que tengo, encontré una historia sobre un instructor de vuelo y su aprendiz. La ilustración se enfocaba en el momento cuando el pequeño avión golpeaba y rebotaba sobre la pista de aterrizaje, con el instructor y el estudiante de aviación a bordo, hasta que llegó a detenerse de una manera abrupta. Cuando por fin la aeronave se detuvo, el maestro se volteó agitadamente para mirar al pupilo y le dijo en un tono de reclamo:

—¡Este aterrizaje que acabas de hacer fue muy malo!

—¿Yo? —le contestó el estudiante lleno de estupefacción, y añadió—. Yo pensé que usted estaba haciendo el aterrizaje.

Lo más seguro es que tú no eres instructor ni aprendiz de aviación, pero permíteme usar la anécdota anterior para preguntarte: ¿Quién está en control de tu destino, las circunstancias o tú? ¿Quién tiene domino o autoridad sobre la manera en que aterriza tu avión? No hablo de una máquina de vuelo, sino de tu corazón, tu voluntad y tu mente una vez que has iniciado el camino en el que estás como producto de una serie de circunstancias favorables o negativas que se han desencadenado. ¿Es tu vida, al igual que el avión de nuestro breve cuento, una nave sin control que al aterrizar lo hace abruptamente sobre la pista de tus circunstancias porque nadie está en control del timón de mando?

Un hombre de nombre Prieto le escribió una carta a su amiga Agustina en la que le dice: «Yo en verdad soy un rey, porque sé cómo regirme a mí mismo». ¿Podrías decir lo mismo sobre tu vida? Quizás la razón por la que has perdido el dominio es porque en medio de grandes tormentas te estrellaste contra las montañas del infortunio del destino para nunca más salir de ellas pues ya no eres tú el que riges. Al perder el dominio perdemos la dirección, dejamos de poder guiar lo que poseemos, lo que nos ha sido creado, la oportunidad que se nos ha dado de volver a empezar.

Es por ello que en el quinto y sexto día de la creación Dios creó un nuevo dominio sobre el que podríamos gobernar con autoridad para experimentar la bendición de ser fructíferos y multiplicarnos, evitando el impacto permanente que impida a nuestra nave de vuelo volver a elevarse a nuevos horizontes por la devastación de aterrizajes abruptos forzados por circunstancias adversas. Circunstancias que pueden giran alrededor de tu familia, tu matrimonio, tu trabajo, tus finanzas u otra área que sea de interés personal y trascendental para ti, donde llegaste a un punto de vida o muerte, donde te jugaste el todo por el todo.

Sin duda alguna que una de las competencias deportivas que más cautiva la atención del mundo es el fútbol o el balompié, especialmente cuando son partidos que giran alrededor del proceso de la copa mundial que se celebra cada cuatro años. Ligados a dicha competencia se encuentran los sueños, deseos e identidad de pueblos y naciones. Es por ello que al llegar a partidos decisivos para equipos nacionales muchas veces los comentaristas deportivos anticipan y definen dichos encuentros con frases como: «¡Llegó el momento de la verdad! ¡Es un juego de vida o muerte! ¡Ahora o nunca! ¡Es la hora cero!»

En contraste con lo pasajero de una derrota o un triunfo en la arena deportiva, esos momentos de vida o muerte en nuestros caminos son instantes de decisión, cuyo resultado puede impactar el resto de nuestros días para bien o para mal. Es en estos tiempos donde muchas veces sentimos como si no tuviéramos el control de nuestro destino. Por lo que así como una hoja es víctima de la fuerza del viento, nosotros nos volvemos víctimas de las circunstancias, de nuestras limitaciones, de la falta de experiencia o de la solución adecuada. Dicho estado de impotencia nos lleva a perder el control de nuestra vida, no por la falta de deseo de encontrar una solución, sino por la ausencia de una dirección clara.

Es esta pérdida de control sobre nuestras circunstancias lo que nos arroja a optar por un divorcio, la bancarrota, la separación, la indiferencia, el odio, o la falta de perdón. Cuando hemos perdido el dominio de nuestros caminos, entonces entramos a sendas que nunca anhelamos o vislumbramos. Al llegar a un altar, el divorcio no es lo que se desea para el matrimonio. De la misma manera te puedo asegurar que cuando uno ve a su hijo o hija por primera vez, la rebeldía y la confrontación están ausentes de la relación que soñamos tener con nuestros pequeños. Los que han disuelto una sociedad de negocios en medio de una confrontación por un desfalco, jamás anhelaron dicho fin.

Cuando el infortunio, la frustración, el engaño o el fracaso nos somete a buscar una salida a la crisis sin importar cómo o hacia dónde vamos, dejándonos permanentemente afectados por dicho revés, entonces, en vez de ser los arquitectos de nuestro propio destino, nos volvemos los inquilinos de lo que la circunstancias han construido. Ya que todos enfrentamos adversidad es válido preguntarse: ¿Acaso estamos destinados tarde o temprano a perder el control de nuestra vida? ¿Es acaso esta una senda por la que todos debemos andar? ¿Es inevitable llegar a momentos donde corremos a la aventura, o donde peleamos como si estuviéramos golpeando al aire, realizando nuestra pelea en vano?

Alguien dijo que errar es una cualidad humana. De la misma manera se puede asegurar que es humano no saber qué hacer en algún momento. La falta de capacidad que surge del temor, la inseguridad o la incertidumbre de no poder ejercer el control sobre nuestro destino en momentos clave es lo que nos lleva a un lugar de impotencia. Cuando nos volvemos presa de la desesperación en dicho lugar de impotencia, entonces deseamos una salida que nos lleve a algo diferente sin importar la senda que tomemos, y entonces comprometemos nuestra habilidad de ser fructíferos y multiplicarnos bajo la bendición que se nos ha dado, porque hemos dejado de señorear y sojuzgar.

Honestamente, el problema no radica en no saber qué camino tomar porque no siempre sabemos hacia dónde ir. El verdadero conflicto está en llegar a perder el control de nuestra vida, transformándonos en víctimas de las semillas de desesperación, que despedazarán cualquier oportunidad de volver a empezar y experimentar un nuevo Génesis. La razón por la que a veces somos dominados en vez de ejercer dominio está ligada algunas veces al hecho de que el sabor que ha dejado en nuestro paladar nuestra relación matrimonial o sentimental es amargo en gran manera. Quizás no es tu matrimonio lo que ha marcado tu vida de frustración y pesimismo, sino tu trabajo, tus amigos, una enfermedad, una traición, un rechazo o una desilusión.

Sin importar cuál sea tu experiencia personal, o la tormenta que forzó tu aterrizaje, quiero afirmarte que así como al primer hombre y a la primera mujer, es decir a Adán y a Eva, les fue dada una oportunidad de volver a empezar dominando sus circunstancias en un mundo libre del caos, las tinieblas y el vacío que gobernaban en el principio, a ti se te ha creado la misma oportunidad. No estoy siendo sensacionalista, ni pretendo llenar tu vida de una falsa expectativa. Tampoco deseo ignorar la realidad de las situaciones adversas que has enfrentado.

Por cierto, es por tu experiencia personal que dudas de la veracidad de que el ambiente al que has sido llamado a habitar ha sido lleno de bondad. Cuando nuestros ojos se nublan por las tormentas de la vida y apartamos nuestra mirada del dominio y la autoridad que se nos ha dado para señorear y sojuzgar, entonces nos volvemos esclavos del destino en vez de arquitectos de lo que este edifica. Cuando perdemos de vista el dominio que se nos ha dado, entonces quedamos atrapados en una isla desértica sin posibilidad de escapar hacia una isla tropical de ensueño.

No pierdas de vista el cuadro completo

Kofi Annan, séptimo secretario general de las Naciones Unidas, y el primero en ser promovido a este puesto tan trascendental siendo parte del personal de la organización, nos recuerda lo valioso que es no bajar nuestra vista de lo que es primordial. Su trayectoria ha incluido momentos tan importantes como la negociación de la repatriación de los rehenes que fueron secuestrados a raíz del conflicto provocado por la invasión de Irak a Kuwait en 1990. En los cuarenta años que él ha sido parte del sistema de las Naciones Unidas, se ha ganado la reputación de ser un hombre muy ecuánime, con la habilidad de ver los detalles sin dejar de visualizar el panorama completo.

Es esta cualidad, entre otras, lo que le hace uno de los ejecutivos más populares y admirados de la ONU. Sobre este aspecto, Kofi relató para la revista Newsweek una lección que aprendió en Ghana, cuando era un adolescente de 17 años de edad:

Un nuevo dominio

Un día, nuestro instructor entró al salón de clases y puso sobre la pizarra una hoja de papel de color blanco con un pequeño punto negro en una de las esquinas. Luego nos preguntó:

—Muchachos, ¿qué es lo que ven?

Todos gritamos a una sola voz y con tal armonía que bien se nos pudo haber comparado con el mejor de los coros del mundo.

—¡Un punto negro!

El profesor reaccionó de tal manera que era evidente que lo único que deseaba era transmitirnos su sabiduría por medio de aquel ejemplo, por lo que nos exhortó en un tono muy pausado.

—¿No hubo ni siquiera uno de ustedes con la capacidad de ver la hoja de papel blanco? Por favor, no anden por el mundo con ese tipo de actitud.

En otras palabras, el profesor estaba animándonos a no perder de vista el cuadro completo, como ocurría al enfocarse en el punto negro ignorando que existía en el contexto de un cuadro blanco».

En innumerables ocasiones, son los puntos negros los que nos hacen olvidar el cuadro completo. Estoy seguro de que puedes definir cuáles son los puntos negros que roban la amplitud de tu vista y que parecen ser todo lo que existe. Deseo ayudarte a ver el cuadro blanco, el dominio que fue diseñado en el quinto y sexto día del Génesis, que es confirmado en el momento en que Dios dice: «Hagamos al hombre a nuestra imagen, conforme a nuestra semejanza; y señoree en los peces del mar, en las aves de los cielos, en las bestias, en toda la tierra, y en todo animal que se arrastra sobre la tierra».

El nuevo dominio establecido a nuestro favor está simbolizado en los peces del mar, las aves de los cielos y los animales de la tierra que fueron creados antes de ser creado el ser humano al final del sexto día. Al ser creados los animales, estos fueron bendecidos para ser fructíferos, multiplicarse y llenar su hábitat. El hábitat que los animales iban a llenar es el dominio sobre el cual le fue dada autoridad al hombre y en el cual cada uno de nosotros trabajaría, construiríamos nuestros sueños, hallaríamos a nuestro cónyuge, estableceríamos nuestras familias y edificaríamos nuestros esfuerzos. Si cada uno de nosotros está directamente influenciado por lo que simbolizan los animales y la bendición sobre ellos, entonces es importante preguntarse, ¿qué impacto y qué condiciones se establecen para nuestros caminos en el Génesis?

El dominio del hombre está saturado de bendición

En otras palabras, la pregunta se traduce a desear saber cuál es el ambiente destinado para mi matrimonio, o si este ha fracasado, ¿cuál es el ambiente en que debes habitar después de un divorcio? Cuando tu mundo se ha venido abajo, ¿cómo debes vivir el resto de tus días? Al reflexionar de esta manera, no pretendo hacerlo de una forma negativa, asumiendo que todos experimentaremos el quebranto y enfocándome en esto. Aunque es cierto que no siempre las cosas salen como anhelamos, el verdadero peligro está cuando perdemos la autoridad para dominar nuestros caminos a raíz de la crisis que desbarató nuestro mundo, y que también acaba con nuestra autoestima, seguridad, propósito y certeza en cuanto al deseo de volver a empezar. Es por esta amenaza que en la peor circunstancia en la que estés atravesando, sin importar el tamaño del punto negro que capta la atención de tu vista, nunca debes olvidar el cuadro blanco, el nuevo dominio que ha sido creado para que habites y reines en él.

El nuevo dominio que ha sido creado para cada uno de nosotros, representado en los peces del mar, las aves de los cielos y los animales que se mueven o arrastran sobre la superficie de la tierra, es evaluado por el Creador como bueno. Esta valoración hecha por el Señor de lo que creó en el quinto y sexto día vuelve aun más significativa la bendición dada. Al ser bendecidos todos los animales para saturar el medio ambiente que habitarían, lo llenarían de lo que es bondadoso o virtuoso, porque todo en ellos era bueno. Además de llenar su entorno de virtud, la bendición les permitiría ver frutos de dicha bondad, y a la vez multiplicarla de un lugar a otro, de una área a otra, de un ambiente a otro.

Sin animo de exagerar el impacto que tendría la bendición dada en estos dos días sobre los animales, voy a enfatizar que la tierra, el mar y los cielos fueron destinados a ser llenos de bendición y bondad cada día. Es en este ambiente que al final del sexto día Dios crea al hombre y la mujer, estableciéndolos para dominar bajo el cielo, sobre la tierra y al nivel del mar. En otras palabras, la humanidad fue creada en un ambiente donde toda posibilidad es buena. Y al igual que en el principio, en el Génesis, Dios ha saturado de virtud y de bendición cada lugar en el que potencialmente puedes habitar, trabajar, reposar, andar o reconstruir los escombros que quedaron de un aterrizaje forzoso.

Esto me recuerda una promesa hecha en las Sagradas Escrituras que dice: «Y sabemos que a los que aman a Dios, todas las cosas les ayudan a bien, esto es, a los que conforme a su propósito son llamados». En otras palabras, el hábitat donde cada uno de nosotros existe, al igual que en el Génesis, ha sido saturado de virtud o bendición. El cuadro completo que muchas veces es opacado por los puntos negros que enfrentamos nos dice que detrás de toda oportunidad, de toda mala noticia, seguimos con autoridad para guiar nuestra vida en un ambiente saturado de la bendición del Creador. Este es el cuadro blanco de tu existencia.

Por cierto que además de bendecir el ambiente que rodeaba o que rodearía al hombre y a la mujer, Dios, al crear a cada uno de nosotros, nos ha bendecido, y en su bendición nos ha dado autoridad para dominar, sojuzgar y señorear el resultado de un nuevo día, de una nueva tierra con promesas de esperanza, libre del desorden, del vacío y las tinieblas que la gobernaban al principio, cuando nuestra nave aterrizó abruptamente. El hábitat en el que fuimos creados, ya sea en el Génesis histórico del inicio del mundo hablando sobre Adán y Eva, o el día en que cada uno de nosotros despertó de una pesadilla de fracasos para ver un nuevo comienzo en el Génesis creado a nuestro favor, ha sido saturado de bendición.

La bendición dada es la que nos da la autoridad para que al entrar en este nuevo inicio de establecer nuestros sueños y deseos sobre el futuro, al mismo tiempo que buscamos desligarnos del pasado y reconstruir lo que quedó de este, lo hagamos siendo los arquitectos de nuestro propio destino, no sus inquilinos. Dios creó al ser humano a su imagen; lo creó a imagen de Dios. Hombre y mujer los creó, y los bendijo con estas palabras: «Sean fructíferos y multiplíquense; llenen la tierra y sométanla; dominen a los peces del mar y a las aves del cielo, y a todos los reptiles que se arrastran por el suelo» (Génesis 1.27-28, NVI).

Esta autoridad está íntimamente ligada con el dominio que fue dado a Adán y a Eva, a ti y a mí, en el principio de la creación, el Génesis de la humanidad y de nuestro nuevo inicio. Todo lo que Dios había hecho en los días anteriores a la creación del hombre y la mujer, el nuevo principio, el nuevo día, la nueva tierra, el nuevo orden, eran para establecer las condiciones necesarias para que cada uno de nosotros tuviese un nuevo dominio lleno de bendición y sobre el cual tuviésemos autoridad para reconstruir y gobernar nuestros caminos. En la bendición que Dios dio al hombre y a la mujer les dio la habilidad de ser fructíferos y multiplicarse, y para realizar esto les dio autoridad para sojuzgar y ejercer dominio.

Nuestra autoridad existe para deshacer las obras del pecado, aquellas cosas que han atado nuestra vida, que han marcado nuestros caminos y que son quizás las rocas en nuestra senda que pueden desviar nuestro destino del lugar del éxito y realización. Nos ha sido dada autoridad para destruir el pecado, y para guiar nuestra propia vida libre del temor, porque Dios no nos ha dado espíritu de cobardía, sino de poder, amor y dominio propio.

Tenemos autoridad para ser arquitectos de nuestro destino

Sé que hay momentos en que se ha desbaratado todo lo que hemos edificado, dejando en su caída escombros y ruinas, pero aun en esos momentos se puede volver a edificar con los pedazos que quedaron de lo que teníamos. Es esta autoridad para gobernar sobre lo creado, y no ser gobernados por la creación, la que nos fue dada por nuestro Creador en el sexto día del Génesis, cuando fuimos creados a imagen y semejanza de Dios, siendo bendecidos para fructificar y multiplicarnos; llenar la tierra, sojuzgarla y señorear.

En cierta ocasión en la que buscábamos alquilar una casa para vivir que se ajustara a nuestro presupuesto, un hermano de mi mamá que es ingeniero civil nos favoreció ofreciéndonos la posibilidad de vivir sin pagar nada de arrendamiento en una casa que le pertenecía en el centro de la ciudad. Vivimos en esa casa por unos tres años. Un día, en el que mi tío pasaba por una mala situación económica, tuvo que usar dicha propiedad para cancelar una cuenta pendiente que tenía con un banco. Esto trajo mucha incertidumbre sobre nuestras vidas, porque mi hogar materno también estaba atravesando por una época difícil financieramente.

Pasaron varias semanas, y cada día que nos acercábamos más a la fecha en que debíamos abandonar la propiedad aumentaba nuestra incertidumbre. Cada casa que buscábamos estaba lejos del alcance de nuestro presupuesto. Un día llegó el gerente del banco, que ahora era el nuevo dueño de la casa, para confirmar que nosotros saldríamos de ella en el día estipulado. En nuestra conversación con este banquero le contamos que aún no habíamos hallado un lugar donde vivir debido al alto costo del arriendo en la ciudad. Creo que el corazón de este hombre se llenó de compasión, ya que nos dijo que como la casa en la que vivíamos era de madera, el banco nos la regalaba para que la lleváramos donde quisiéramos.

Al inicio, pensaba que este hombre estaba bromeando, pero luego me di cuenta de que era genuino en su deseo de ayudarnos, aunque yo no estaba tan convencido de que esta fuera la solución a nuestro problema. Decidimos explorar la posibilidad de sacar ventaja de la oferta que nos hizo en cuanto a la casa, pues al parecer esta era la única opción disponible para solucionar nuestra crisis. A raíz de una serie de acontecimientos que incluían la ayuda y el respaldo de dos hermanas de mi madre, logramos encontrar un terreno en donde reedificar la casa en la que habitábamos y tener un lugar donde vivir en el proceso de construcción.

Un nuevo dominio

Cuando desmantelamos la casa que se nos donó, mucha de la madera quedó inservible, dañandose todavía mucha más en el proceso de trasladarla de un lugar a otro. Recuerdo cuando transporté la casa desbaratada, es decir, la madera que quedó de lo que era la casa. Parecían escombros y ruinas que servían para ser utilizados en una fogata. Aun el señor que desbarató la casa y la reedificó nos advirtió que era imposible reconstruir algo semejante a lo que teníamos.

Un día, mientras el hombre encargado de armar la casa analizaba si toda aquella basura o escombros podía servir, llegó mi tío a ver lo que hacía. Como él es ingeniero y ha trabajado en su profesión con mucho éxito, le diseñó al constructor un plano que aprovecharía al máximo los materiales que sobraron. Debido a la autoridad que tenía mi tío como ingeniero civil, al evaluar los escombros y decidir reedificar con ellos sin perder de vista el cuadro completo del nuevo plano, diseñado de acuerdo a los materiales que quedaban, se edificó una casa que al ser pintada y decorada quedó más bonita, cómoda y en un terreno mejor ubicado que la que teníamos anteriormente.

Cuando no pierdes tu autoridad como arquitecto de tu propio destino a pesar de los aterrizajes forzozos y abruptos que hayas tenido, entonces de los escombros podrás reconstruir un nuevo hogar, un nuevo ambiente, con la certeza de que antes de entrar en ese medio este ha sido saturado de bendición, y sobre dicha bendición esta la bendición que ha sido derramada sobre tu vida para que seas fructífero, te multipliques y tengas dominio.

7

UNA HEREDAD PERPETUA

Fueron, pues, acabados los cielos y la tierra, y todo el ejército de ellos. Y acabó Dios en el día séptimo la obra que hizo; y reposó el día séptimo de toda la obra que hizo. Y bendijo Dios al día séptimo, y lo santificó, porque en él reposó de toda la obra que había hecho en la creación.

— Génesis 2.1-3

Dios, al apartar el séptimo día y santificarlo para reposar en él de toda la obra creada en los primeros seis días, dio inicio a una promesa y a un principio. En el principio de la creación, la tierra estaba desordenada, vacía y llena de tinieblas, después de seis días, el Creador había hecho luz en medio de las tinieblas, orden en medio del caos y el desorden, una tierra fructífera que estaba bajo las aguas, y creó al hombre dándole dominio sobre todo para que en este ambiente fuese fructífero y se multiplicara.

Al séptimo día, cuando todo estaba listo para volver a empezar con condiciones de ensueño, el Señor descansó. ¿Por qué? ¿Por qué tomó un día para reposar de toda su obra? ¿Será porque estaba agotado de todo el esfuerzo hecho para recrear un nuevo Génesis? Después de un largo día de trabajo, o después de una época de mucha tensión, cada uno de nosotros necesita descansar para recuperar sus fuerzas y volver a iniciar otra vez. Pero este no es el caso de Dios, Él no se agota como los seres humanos lo hacemos. Tampoco se debe a que se le acabaron las ideas en cuanto a qué hacer y necesitaba tiempo para reencontrar su energía creadora.

Sé que estoy siendo sarcástico y quizás te estoy ofendiendo. Te aseguro que mi intención no es jugar con tu intelecto, sino demostrarte que la razón por la que Dios reposó no está relacionada con las razones por las que los seres humanos necesitamos reposo o descanso. El Creador santificó y reposó en el séptimo día para establecer un principio sobre el cual toda obra creada y el impacto de lo que estas obras producirían reposarían. Esto nos lleva a considerar cuál es este principio y en qué manera está íntimamente ligado con lo que edifiquemos una vez que entendemos por qué y cómo existe un nuevo Génesis en nuestra vida.

Entonces, ¿por qué un nuevo inicio termina con un día de reposo? Un día, al llegar temprano a una reunión de negocios que teníamos en la organización para la que trabajaba, comencé a ayudar a los que estaban instalando el mobiliario que iba a usarse en el salón donde se celebraría la reunión. Una de las cosas en las que colaboré esa tarde fue en trasladar mesas de un lugar a otro. La primera mesa a la que hice el intento de reubicar la tenía sostenida sobre su costado en el suelo uno de los encargados de la reunión. Como conocía a este hombre me ofrecí a ayudarle a mover la mesa.

Cuando la agarré, él la soltó porque pensó que yo podía moverla. Pero el peso del mueble era más de lo que podía equilibrar y sostener. Al dar mis primeros pasos hacia delante, la mesa me hizo perder el equilibrio y cayó al suelo junto conmigo. Debo admitir que me golpeé, por lo que la persona a quien ayudaba se sintió muy apenada.

Después de escuchar sus disculpas una y otra vez, y recuperado de la caída, hicimos otro intento de mover la mesa, pero ahora reposábamos uno en la fuerza del otro, pues cada uno sostenía un extremo. Al trasladar la mesa de esta manera el esfuerzo que hicimos, además de ser mínimo, fue lo suficiente para hacer lo que ninguno de nosotros podría hacer solo. De igual manera, cuando nuestras fuerzas caen, el día de reposo existe para guiarnos en el desierto, sostenernos en la necesidad y proteger el fruto de nuestra siembra y la posesión de nuestras fuerzas, deseos y sueños.

VOLVER A EMPEZAR

El día de reposo nos recuerda la provisión divina

Lo primero que debemos recordar cuando estamos en medio de desiertos es que la mano de Dios nos va a sostener cada día. Aun Jesús, cuando enseñó a orar, nos recuerda que en nuestro Padre celestial está la provisión que necesitamos para cada día. ¿Qué es lo que necesitas para sobrevivir este día? Paz, fuerzas, seguridad, pan para tu mesa, aliento para tu alma, esperanza para tu vida. ¿Cuál es el pan que necesitas para nutrir tu alma y así poder vivir este día seguro, con la certeza de que aunque estés pasando por el fuego no te quemarás, o si estás pasando por las aguas ellas no te ahogarán?

A los pocos días de que el pueblo de Israel anduviera por el desierto, después de ser liberados de la esclavitud donde no tenían esperanza alguna, y con grandes expectativas en el camino hacia la tierra prometida, se dieron cuenta de que su riqueza y su ganado no eran suficientes para sostenerles durante todo el camino que debían recorrer, a pesar de que por la intervención milagrosa de Dios salieron con la riqueza de Egipto y con un gran número de ganado. ¿Cuántas veces llegamos a enfrentarnos con esta realidad?

Esto es lo mismo que pasa cuando el dinero que tenemos no nos basta para satisfacer todas nuestras necesidades. Cada vez necesitamos más a pesar de tener tanto como para hacer aun a nuestros nietos personas extremadamente adineradas. Es lo mismo que sucede a la persona que siempre está rodeada de amigos pero que es gobernada por una profunda soledad. Debo añadir que nuestra riqueza no es solamente incapaz de satisfacer nuestra vida por sí sola, sino que además en algún momento no puede proveer lo que necesitamos.

Es por esto que muchas familias tienen una casa, pero no un

hogar. Por eso se puede pagar la mejor atención médica disponible pero no siempre se puede obtener sanidad. Un padre o una madre puede velar con toda su fuerza por el bienestar de sus hijos, pero en algún momento, sus hijos estarán fuera del alcance y la protección de sus padres. En otras palabras, todo lo creado en los primeros seis días del Génesis, a pesar de ser bueno y de que cada cosa creada es un paso más para garantizar nuestro éxito, todo lo que tenemos a nuestro favor, en algún momento de la vida de cada uno de nosotros es insuficiente para llevarnos a cosas mayores sin el reposo de Dios. Así como yo no pude mover la mesa sin reposar en la fuerza de alguien más.

Israel tenía oro y plata en abundancia, pero en el desierto no había dónde comprar comida o agua, por lo que el más pobre de los hombres estaba en la misma condición que ellos. Tenían ganado en abundancia cuando iniciaron el viaje, pero en unos cuantos días se encontraban desprotegidos y sin recursos. Es en medio de esta realidad donde se dan cuenta que nunca podrán llegar por sus propias fuerzas a la tierra que tanto anhelaban, y Dios aprovecha esta oportunidad para recordarles y enseñarles sobre el día de reposo.

Israel necesitaba pan, y pan cayó del cielo. Cada mañana al amanecer un rocío descendía del cielo, y al desaparecer, dejaba sobre la superficie del desierto maná o pan. Esto sucedía seis veces a la semana. En los primeros cinco días, el pueblo fue instruido para que recogiera cada mañana lo suficiente para ese día, y en el sexto día debían recoger para el sexto y el séptimo, porque el séptimo era día de reposo y ninguna obra debía ser hecha en él. La primera vez que descendió maná algunos dudaron de que al siguiente día también descendería, por lo que recogieron pan en abundancia para varios días.

A la mañana siguiente, el pan que no había sido usado se

pudrió y se llenó de gusanos. De esta manera cada familia israelita era forzada a guardar el mandato de recoger lo suficiente para cada día con excepción del sexto día, donde les era provisto para dos días sin que se pudriera lo que sobraba de un día para otro. Este fenómeno extraordinario sucedió cada semana por cuarenta años. Por cuatro décadas Dios los sostuvo en medio del desierto con maná que caía del cielo.

El día de reposo nos es dado para reposar en la fidelidad y provisión de Dios para con nosotros. La Biblia enseña que en vano vela la guardia de una ciudad, si el Señor no vela por ella; o que si Él no edifica la obra, en vano edifican los edificadores.

El día de reposo es el monumento edificado en el Génesis para recordarnos que todo esfuerzo humano, toda riqueza o abundancia que poseamos, llegará a un punto donde será insuficiente, donde el más rico será igual de necesitado que el más pobre. Por eso debemos construir, planear y avanzar reposando no en nuestras fuerzas, sino en las fuerzas de nuestro Creador. No debemos confiar en nuestra astucia, sino en la fidelidad de nuestro Dios. No es sabio reposar solo en nuestra fuerza, pero sí debemos reposar en la fuerza del Señor.

El día de reposo nos lleva a un lugar donde sabemos que lo mejor de nosotros no será suficiente para balancear lo que cargamos, evitar que algo se desmorone, y a la vez movernos hacia adelante. Pero en ese mismo lugar llegamos a entender que reposando en nuestro Dios el menor esfuerzo nuestro nos permitirá escalar grandes montañas, atravesar anchos valles y sobrevivir pesados desiertos. Al reposar en Dios, llegamos a entender que la obra que Él creó a nuestro favor en el Génesis no será deteriorada, que las obras que nosotros edifiquemos sobre lo creado darán su fruto al ciento por uno. En otras palabras, el valor que nos ha sido dado, los sueños y las promesas que nos han sido reveladas, la tierra que ha sido bendecida, no perderán el sello de nuestro Dios de ser buenos, ni cambiará el hecho de que en ese ambiente prosperaremos y tendremos éxito.

Cada uno de nosotros debe siempre recordar el valor de la obra del Creador en nuestras vidas y circunstancias. Un amigo, Jaime Tolle, buscó cómo ilustrar a sus hijos espirituales, es decir, a la congregación que pastorea, la seguridad que había en el valor de sus vidas y en lo que había sido creado a su favor por Dios. Así que en medio de un auditorio lleno de unas mil trescientas personas, pidió que alguien le prestara un billete. Era interesante ver las caras de asombro en el auditorio, y la manera en que titubeaban para deshacerse de algo de su dinero. Finalmente, después de repetir su pregunta unas dos veces, hubo un valiente que sacó un billete y se lo entregó.

Con el billete en la mano, mi amigo preguntó:

—¿Cuál es el valor de este billete?

Aquellos que estaban alrededor de él y que podían ver con claridad el dinero que tenía en la mano respondieron:

—¡Veinte dólares!

Luego arrugó el billete y lo apretujó con toda la fuerza de su mano en presencia de los congregados, a quienes preguntó:

—¿Y ahora, cuál es el valor de este billete?

—¡Veinte dólares! —contestó toda la congregación.

Luego de la respuesta, tiró el billete al suelo y empezó a saltar sobre el hasta que finalmente se paró sobre el billete, y preguntó nuevamente al auditorio:

—¿Cuál es el valor del billete que he aplastado y sobre el cual estoy parado?

—¡Veinte dólares! —volvió a contestar la gente con mas fuerza.

Jaime, al oír que por tercera vez consecutiva obtenía la misma respuesta, tomó los veinte dólares en su mano, los enseño al auditorio, quien podía ver perfectamente el dinero por una cámara que transmitía la imagen a una pantalla gigante, y dijo:

—Este papel tenía un valor de veinte dólares cuando me lo entregaron, después de arrugarlo, estrujarlo, aprisionarlo, pisotearlo y tenerlo sometido bajo mis pies, todavía sigue teniendo un valor de veinte dólares.

El día de reposo nos garantiza lo establecido en el Génesis

Así como con el billete de veinte dólares, hay veces que olvidamos el valor de lo que ha sido creado a nuestro favor, de la oportunidad que nos es dada y de la bendición e imagen con que fuimos hechos para dominar, ser fructíferos y multiplicarnos. Al igual que en el ejemplo de mi amigo Jaime, hay momentos en que somos estrujados por los problemas que enfrentamos, nuestras fuerzas y ánimo son encogidos o arrugados por la adversidad que nos asecha, somos pisoteados y oprimidos por las cargas que llevamos, y en medio del estrujamiento, el encogimiento y la opresión, olvidamos que seguimos valiendo y siendo lo que nuestro Padre nos hizo, que el futuro al que Él nos destinó sigue siendo posible.

Es por esta otra razón que Dios reposó en el séptimo día. Para darnos la certeza de que no perderemos lo que nos ha sido dado, en otras palabras, nuestra heredad es una heredad perpetua. Cuando el pueblo israelita llegó a la tierra prometida, cada familia recibió una herencia, un pedazo de tierra. Nadie en Israel estaba desamparado, sin riqueza, o sin herencia para sus generaciones. Obviamente, es lógico y real concluir que con el paso del tiempo algunas familias enfrentarían problemas económicos.

La raíz o la causa de la crisis económica iba a ser diferente para cada familia, pero el impacto si la crisis no se solucionaba llegaría a ser el mismo para todos los que sucumbieran por ella. Algunos podrían haber iniciado su crisis por una mala cosecha, por una época de sequía, por un mal negocio, por una enfermedad o por una mala administración, pero al final si la crisis no tenía salida, las familias perderían su tierra, su herencia, el fruto de su riqueza y en el peor de los casos hasta su libertad, como pago de sus compromisos no saldados.

En nuestro tiempo, la gente no es esclavizada físicamente cuando enfrenta una crisis ingobernable, pero sí en muchos casos se vuelve esclavo de una mala reputación, de una depresión, de un sentimiento de fracaso que le impide volver a levantarse. Y al igual que en el antiguo Israel, las crisis nos dejan desnudos, desprotegidos, sin la riqueza y heredad que deberían asegurar nuestro lugar de bienestar y el de nuestras generaciones. Por ello el Señor estableció un estilo de vida en la nación de Israel que giraba alrededor de reposar en Dios.

Así como la nación debía de guardar un día de reposo por cada seis días, cada seis años tenían que guardar un año de reposo. En ese año no cosecharían ni sembrarían. En otras palabras, cada siete años, la cosecha del séptimo año y del siguiente, que sería el primer año del próximo período, vendría del sexto. Lo que obtuvieran el sexto año sería tan abundante que proveería para tres años, y aún les sombraría. Cualquiera con un poco de sentido común en cuanto a macro-economías o la economía de naciones concluiría que con estas «tradiciones judías» los israelitas jamás serían una potencia económica.

Pero el propósito de Dios para este pueblo, si ellos reposaban en Él, era que jamás serían cola, sino cabeza; en vez de pedir prestado, ellos prestarían. Tampoco era que el Creador quería una nación de holgazanes, sino que no quería que la soberbia humana de creerse autosuficientes rigiera su vida y los llevara a un lugar donde no podrían ser ayudados cuando lo necesitaran. Otro aspecto de este reposo cada seis años es que le daba a la tierra dos años de descanso y la tierra siempre sería una tierra rica y fértil que produciría en abundancia.

La abundancia y el impacto de nuestras cosechas de ser más que suficientes, la continuidad de la riqueza de nuestra tierra al avanzar en nuestras sendas y llegar a períodos naturales de siembra y cosecha en la vida de cada uno de nosotros, directamente relacionados con el trabajo, con el matrimonio, los hijos, el ministerio o nuestro ser interior, están ligados más con nuestra habilidad de reposar, descansar y apoyarnos en Dios, que en nuestra astucia y fuerza.

El año del favor de Dios

Los períodos de siete años eran agrupados así como los días de las semanas en siete períodos. Por lo que cada cuarenta y nueve años, además de no sembrar o cosechar en el año cuarenta y nueve, no lo hacían en el cincuenta, porque cada cincuenta años reposaban por generaciones celebrando el año de jubileo. En la época del año de jubileo, la nación dependería por cuatro años de la cosecha de uno, para ello tenían que confiar en aquel que les dio la oportunidad de volver a empezar cuando los sacó de la esclavitud, los sostuvo en el desierto y les entregó viñas que no habían plantado y ciudades que no edificaron como heredad perpetua.

El séptimo día, el día de reposo, es un principio que se estableció en el Génesis para que cada uno de nosotros no olvidáramos de dónde viene la oportunidad de volver a empezar, y por ende, aprovecháramos cada oportunidad creada a nuestro favor en el nuevo Génesis. Si el Señor los sostuvo por cuarenta años en el desierto, los podría sostener y bendecir por generaciones si reposaban en su fidelidad y provisión, viviendo una vida en reconocimiento a Él por sobre todo lo demás. El reposo del séptimo día es la evidencia de que el centro de nuestra adoración no es la creación sino el Creador. Este estilo de vida de adoración surge de una vida rendida al Padre celestial, es la que abre las puertas del tesoro del cielo, asegurándonos que nada faltará y que sobreabundarán sus misericordias y su gracia sobre nosotros.

No siempre es fácil reposar en Dios. Rendirle nuestra adoración total algunas veces es difícil, porque a nuestro alrededor hay un desierto donde la adversidad estruja, oprime y pisotea nuestra vida. En cierta ocasión, tenía unas dos semanas de no poder disfrutar de una intimidad con Dios por la tristeza y la preocupación que me agobiaban en el desierto en que estaba. Y al igual que Israel, me di cuenta de que lo que podía hacer no era suficiente para sobrevivir el resto del camino.

Ese mismo día, había caminado grandes distancias porque no tenía dinero para pagar el transporte público. Dos semanas atrás nos habían desconectado el suministro de la luz eléctrica porque no habíamos pagado el saldo de nuestra cuenta a tiempo. Por la mañana me había dado cuenta de que en el refrigerador había comida para ese día, y que al menos que sucediese un milagro, al día siguiente no tendríamos qué comer. El negocio que teníamos no generaba ni para cubrir los gastos más básicos.

Esa tarde, a pesar de que intentaba conectarme con Dios, no podía ignorar las circunstancias que estaban a mi alrededor, por lo que era inútil cualquier esfuerzo que hiciera para concentrarme en alguna otra cosa. Convencido de que en ese momento era importante agarrarme a mi Creador y reposar en su fidelidad, sin darme por vencido por la adversidad que enfrentaba, abrí la Biblia y empecé a leer el libro de Habacuc en las Sagradas Escrituras. Al final de este pequeño libro, se encuentra un salmo, un canto, que termina así:

> *Aunque la higuera no florezca,*
> *Ni en las vides haya frutos,*
> *Aunque falte el producto del olivo,*
> *Y los labrados no den mantenimiento,*
> *Y las ovejas sean quitadas de la majada,*
> *Y no haya vacas en los corrales;*
> *Con todo, yo me alegraré en Jehová,*
> *Y me gozaré en el Dios de mi salvación.*
> *Jehová el Señor es mi fortaleza,*
> *El cual hace mis pies como de ciervas,*
> *Y en mis alturas me hace andar.*
>
> — Habacuc 3.17-19

Movido por el impacto que produjeron estas palabras en mi vida, tomé la guitarra y empecé a entonar un canto. Debo aclarar que solo conozco tres notas en la guitarra. Ni siquiera sé si estas notas hacen un acorde, y mi voz es tan desentonada que podría ser usada con éxito para vaciar un salón. Pero la lectura del libro de Habacuc me motivó a reconocer que aun cuando todo saliera mal tenía que reposar en Dios, alegrarme y gozarme en Él. Es esta convicción la que hizo que brotara de mi corazón la siguiente canción en ese día:

> *Aunque no haya dinero para pagar la luz,*
> *Aunque no pueda pagar el transporte público,*
> *Aunque no tenga comida en la refrigeradora para mañana,*
> *Aunque no tenga qué vestir,*
> *Aunque no sepa lo que me espera en el futuro;*
> *Con todo, yo me alegraré en Jehová,*
> *Y me gozaré en el Dios de mi salvación,*

Tú eres mi fortaleza,
El cual hace mis pies tan rápidos como el de los ciervos,
Y en mis alturas me haces andar.

En ese momento se abrieron los cielos, la gloria de Dios descendió sobre mi habitación. Vida entró en mis huesos, y con ella mi ser se lleno de esperanza. Al salir del dormitorio después de adorar y reposar no salí de la misma manera como había entrado, lleno de incertidumbre, temor y abatido. Salí con esperanza, con gozo y con luz. Cuando llegué al negocio me dijo una de las empleadas que un señor había llegado a dejarme un sobre. Yo le pregunté si sabía quién era o qué quería. Ella me contestó: «No, preguntó que si aquí vivía Martín, porque tenía algo para él».

Al abrir el paquete que me habían dejado, encontré dentro del sobre una suma abundante de dólares, suficientes para pagar todas mis deudas, reconectar la luz eléctrica y comprar comida para las siguientes dos semanas. El séptimo día es un día que todos necesitamos, es un día que todos debemos guardar, no como lo hacía Israel, pero sí viniendo a Dios a adorarle, reconociendo que es por su misericordia que cada mañana tenemos la esperanza de algo nuevo. Un nuevo amanecer, un nuevo Génesis que disfrutan aquellos que después de un divorcio o restauración, una bancarrota, una humillación o una victoria llegan a descansar de sus obras en su Creador.

En el Imperio Romano, en el desfile de la victoria después de una conquista militar, el general ganador traía al rey vencido en su carruaje un paso atrás de él. Esto servía a los romanos para recordar que sus victorias eran pasajeras, y les ayudaba a no perder el enfoque en el futuro y lo vulnerables que todos somos tarde o temprano. Hoy somos los triunfadores y mañana podemos ser los derrotados. Por esa vulnerabilidad se estableció el día de reposo, para que al llegar al año de jubileo, el que había perdido su herencia pudiera volver a su posesión, y el que habia perdido su libertad pudiera volver a su familia. Era el año donde se rescataba lo perdido y se libraban a los cautivos. Es el reposo que garantizaba que ninguna familia sería esclava de sus limitaciones y desprotegida de su herencia. El Génesis termina con la esperanza de que aquél que inició la obra cuando reinaba el caos, las tinieblas y el vacío, la acabará y se asegurará de que no quedes desprotegido.

No hay registro alguno de que los israelitas celebraron como pueblo el año del jubileo o el año del Señor. Pero lo que se instituyó en el séptimo día se inició con el Creador, el jubileo, la perpetuidad de lo que Él hizo a nuestro favor está en su fidelidad. Hoy, al terminar este mensaje de esperanza que se inició en el Génesis, quiero que sepas que en las primeras palabras dadas por Cristo en la tierra al iniciar su camino a la cruz, Jesús recordó que Él vino a celebrar en nuestras vidas el año del jubileo. A proclamar que lo que se hizo a nuestro favor no se perderá.

En este nuevo inicio que emprendes, en toda obra que hagas, reposa en lo que tu Dios ha hecho para que puedas volver a empezar alcanzando el triunfo, y retén la bendición de un nuevo Génesis. No olvides que Jesús es el reposo en el cuál puedes celebrar tu jubileo, por eso lo primero que dijo fue:

Me ha enviado para proclamar libertad a los presos y dar vista a los ciegos, para poner en libertad a los oprimidos, para proclamar el año del favor del Señor.

—*Lucas 4.18-19, NVI*

¡Este es el año del Señor para tu vida, reposa en Él, rescata lo perdido y regresa a poseer tu heredad!

Títulos acerca
_____ de la **Salud**

Este libro es el producto de diez años de estudio, observación y de acumulación de experiencias sobre aspectos prácticos del ayuno en las áreas médica, de la nutrición y psicológica. Pero también en el área ministerial han sido años de aprendizaje sobre aspectos importantes del ayuno bíblico: Como arma de guerra espiritual, como instrumento de sanidad y restauración, y como factor de crecimiento y multiplicación de primer orden.
0881136565

¿Qué si existiera un «manual del usuario» para el cuerpo humano escrito por el fabricante original? Bueno, aquí lo tiene: la primera dieta basada en las enseñanzas de Dios y el ejemplo de Jesús. En ¿Qué comería Jesús?, el reconocido autor Dr. Con Colbert confirma: «Hay pruebas médicas. Si comemos como Jesús comía, seremos más saludables».
088113726X

CARIBE BETANIA
EDITORES

caribebetania.com

Disponible pronto

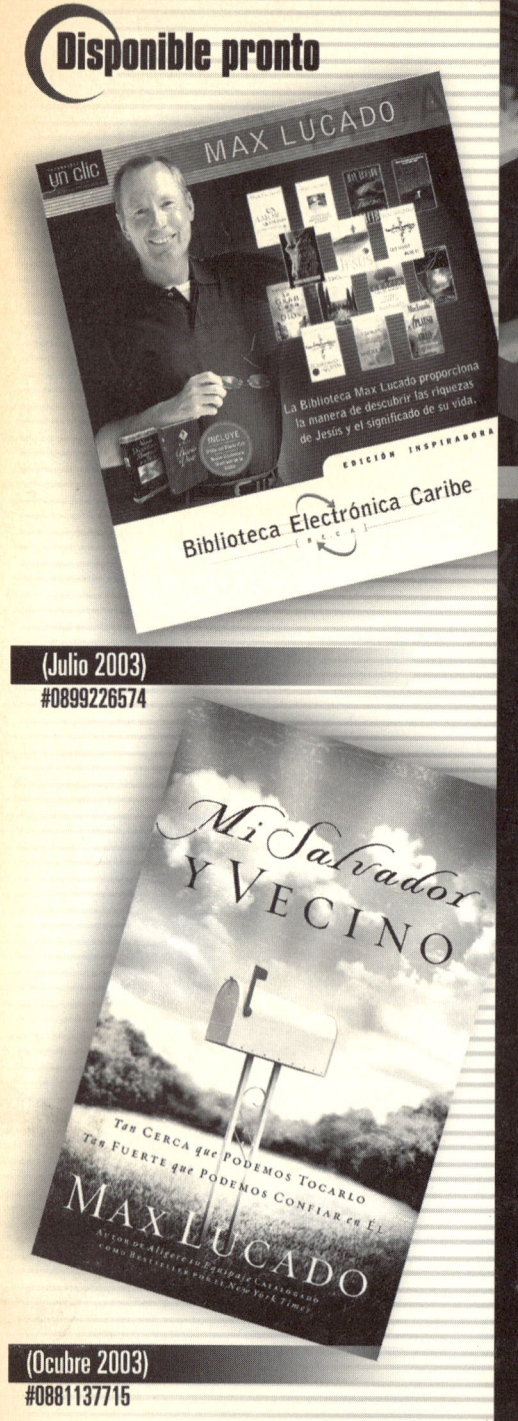

Biblioteca Electrónica Caribe

(Julio 2003)
#0899226574

Mi Salvador y Vecino
Tan CERCA que PODEMOS TOCARLO
Tan FUERTE que PODEMOS CONFIAR en ÉL
MAX LUCADO

(Ocubre 2003)
#0881137715

Sobre el autor
MAX LUCADO

Max Lucado es un genio de la literatura. Con más de veinticinco millones de libros en circulación, ha tocado a millones de personas con su prosa poética. Cuando no está escribiendo, Max es el predicador de la Oak Hills Church of Christ de San Antonio, Texas.

CARIBE BETANIA EDITORES

www.caribebetania.com